गिफ्टेड

कहानी-संग्रह

थिगलियाँ

लेखक की कृतियाँ

कहानी-संग्रह

परिन्दे (1959), जलती झाड़ी (1965), पिछली गर्मियों में (1968), बीच बहस में (1973), कव्वे और काला पानी (1983), प्रतिनिधि कहानियाँ (1988), सूखा तथा अन्य कहानियाँ (1995), थिगलियाँ (2024)

उपन्यास

वे दिन (1964), लाल टीन की छत (1974), एक चिथड़ा सुख (1979), रात का रिपोर्टर (1989), अन्तिम अरण्य (2000)

यात्रा-संस्मरण/डायरी

चीड़ों पर चाँदनी (1963), हर बारिश में (1970), धुंध से उठती धुन (1997)

निबन्ध

शब्द और स्मृति (1976), कला का जोखिम (1981), ढलान से उतरते हुए (1985), भारत और यूरोप : प्रतिश्रुति के क्षेत्र (1991), इतिहास स्मृति आकांक्षा (1991), शताब्दी के ढलते वर्षों में (1995), दूसरे शब्दों में (1997), आदि, अन्त और आरम्भ (2001), साहित्य का आत्म-सत्य (2006), सर्जना पथ के सहयात्री (2006)

नाटक

तीन एकान्त (1976)

अनुवाद

पराजय : अलेक्सांद्र फेदेयेव (1954), बचपन : टाल्स्टॉय (1954), कुप्रीन की कहानियाँ : अलेक्सांद्र कुप्रिन (1955), रोमियो जूलियट और अँधेरा : यान ओत्चानाशेक (1964), खेल-खेल में : चेक कहानियाँ (1966), इतने बड़े धब्बे : चेक कहानियाँ (1966), झोंपड़ीवाले और अन्य कहानियाँ : मिहाइल स़दौवेन्यु (1966), कारेल चापेक की कहानियाँ (1966), बाहर और परे : इर्षी फ्रीड (1967), आर.यू.आर. : कारेल चापेक (1972), एमके : एक गाथा : जोसेफ़ श्कवोरेस्की (1973)

पत्र

प्रिय राम, प्रिय निर्मल (2006), देहरी पर पत्र (2009), चिट्ठियों के दिन (2009)

साक्षात्कार

संसार में निर्मल वर्मा (2006)

संचयन

दूसरी दुनिया (1978)

थिगलियाँ

निर्मल वर्मा

भूमिका

गगन गिल

राजकमल पेपरबैक्स

राजकमल पेपरबैक्स में
पहला संस्करण : अप्रैल, 2024
दूसरा संस्करण : अगस्त, 2024

राजकमल पेपरबैक्स : उत्कृष्ट साहित्य के जनसुलभ संस्करण

राजकमल प्रकाशन प्रा. लि.
1-बी, नेताजी सुभाष मार्ग, दरियागंज
नई दिल्ली-110 002
द्वारा प्रकाशित

शाखाएँ : अशोक राजपथ, साइंस कॉलेज के सामने, पटना-800 006
पहली मंजिल, दरबारी बिल्डिंग, महात्मा गांधी मार्ग, प्रयागराज-211 001
1, अनमोल सोराबजी सन्तुक लेन, मरीन लाइंस, मुम्बई-400002

वेबसाइट : www.rajkamalprakashan.com
ई-मेल : info@rajkamalprakashan.com

विकास कंप्यूटर एंड प्रिंटर्स
ट्रॉनिका सिटी-201 102
द्वारा मुद्रित

मूल्य : ₹299

THIGALIYAN
Short Stories by Nirmal Verma

ISBN : 978-93-6086-971-7

थिगलियाँ

आभार

पीयूष दईया, मनोज मोहन, जयशंकर
प्रभात कुमार, हरिनारायण व्यास

क्रम

साथ-साथ

कभी निर्मल भी चौबीस-पच्चीस बरस के युवक रहे होंगे, मैंने रुककर सोचा नहीं।

जुलाई 1979 में जब मेरी उनसे दिल्ली यूनिवर्सिटी में पहली मुलाक़ात हुई, उस वक़्त भी उनमें किशोरों वाली नर्वसनेस थी। बल्कि उनसे कनेक्ट करने का शायद पहला कारण ही यही था, कि वह हम छात्र लोगों जैसे ही घबराए हुए थे। शर्मीले और संकोची भी।

वह भाषण देने आए थे और बक़ौल उनके, उन्हें अभी सार्वजनिक भाषण देना नहीं आया था। किसी गोष्ठी में बोलने के नाम पर उनकी घिग्घी बँध जाती थी। अज्ञेय जी से एक बार उन्हें झिड़की मिल चुकी थी, "आप इतना घबराते हैं बोलने से! पहले लिख लिया करिए।"

निर्मल ने स्वयं बताया था।

निर्मल को जानने के वर्षों में उनकी उम्र के सब वर्ष मेरे लिए गड्डमड्ड होते गये।

हममें उम्र का फ़ासला इसलिए भी नहीं था कि पलक झपकते हम एक-दूसरे के उस समय में पहुँच जाते जहाँ हम एक-दूसरे को जानते भी नहीं थे, मैं अभी पैदा भी न हुई थी। जैसे मैं उनके लिए वहाँ हमेशा से थी, और वह मेरे लिए, दैवी किसी खेल में।

उनकी ये कहानियाँ सब मेरी जानी-पहचानीं हैं, जैसे मेरे सामने ही घटी हों। शायद इसलिए कि इनमें क़रोलबाग़ का इलाक़ा है, बाऊ जी का घर है, जहाँ हमने अपनी नयी-नयी गृहस्थी बसाई थी। उसकी छत, उसके पास मेरे देखते-देखते नाले को ढककर उस पर बन गई मार्केट। वहाँ का जीवन।

टाइपिंग की एक दुकान, जहाँ कम्प्यूटर आने से पहले के ज़माने में कभी निर्मल, कभी मैं ज़रूरी टाइपिंग कराने जाते थे।

मीट-मछली की दुकान, जहाँ से लौटकर एक बार मैंने अनशन कर दिया था, "मैं पका दूँगी मगर अब कभी मुर्ग़ा लेने नहीं जाऊँगी।"

सड़क पर तड़पता मुर्ग़े का कटा सिर मेरे साथ घर तक चला आया था।

निर्मल कभी मीट लेने जाते, तो लौटकर बताते, भूखे कुत्ते कैसे कटता हुआ गोश्त देखते हैं। कि भारत में लोग इसीलिए वेजीटेरियन हो जाते हैं कि वे ये सब देख नहीं पाते।

पटपड़गंज के फ़्लैट में जाने से पहले हम दस साल उसी पैतृक घर में रहे। हार्वर्ड में हमारे एक वर्ष 1992-93 के प्रवास को छोड़कर।

बाऊ जी का घर, जो उन्होंने रिटायरमेंट के पैसों से ख़रीदा था। नाले के पास वाला घर, जो तब सस्ता मिल रहा था। जिसका भुगतान करने जब बाऊ जी के साथ रामकुमार गये तो बाऊ जी ने उनसे कहा, "रुपयों की थैली कसकर पकड़ो।"

नीचे वाला घर किराये पर, पहली मंज़िल पर बाऊ जी-माँ जी-बहनों का साम्राज्य, सबसे ऊपर बरसाती में रामकुमार-निर्मल का राज्य। भैये तब आर्मी में थे।

उस ऐतिहासिक घर में हमने इतनी बातें की थीं, शादी से पहले, शादी के बाद, कि हमारे सब बरस यों घुलमिल नहीं जाते तो आश्चर्य होता।

शाम को अक्सर निर्मल छत की मुँडेर तक चले जाते थे, उजाड़ गली को देखते रहते।

'इम्तहानों के दिन' की कहानीवाला वह घर हमारी छत से दिखता था। पंक्चर ठीक करने वाली दुकान भी, खम्भे पर लटका उसका टायर। गली के पिछवाड़ेवाली दुकानों में ही वह दुकान थी, ज्योतिषी महाराज की, जिनका ज़िक्र कहानी में आया है। कभी निर्मल सिगरेट ख़रीदने जाते तो उनके सामने से गुज़रना पड़ता था।

वहीं आते-जाते शायद सोचते होंगे, पंडित जी के लिए, एस्ट्रॉलोजर। उस ज़माने तक ज्योतिषी अपने को ज्योतिषी ही कहते थे, एस्ट्रॉलोजर नहीं।

जैसे छोटे अकेले बच्चे अपने से बात करते हुए जाते हैं, आते हैं।

एस्ट्रॉलोजर,

फ़्रेंड, गाइड एंड फ़िलॉसफ़र!

यह तुकबन्दी सिगरेट लेने जाते-आते बनी होगी। कहानी में आ गई है—प्रोफ़ेसर बोधराज, एस्ट्रॉलोजर एंड फ़िलॉसफ़र, फ़्रेंड एंड गाइड!

वरना ऐसी कोई तख़्ती आपने कहीं लिखी देखी हो तो बताएँ।

1980 के उन दिनों तक भी वह इलाक़ा उजाड़ हुआ करता था। गली के छोर पर एक वेल्डर काम करता था, उसकी मशीन की आवाज़ ऊपर कमरे तक आती। कार पेंट करता तो उसके पेंट की गन्ध।

शाम को निर्मल छत पर बैठते तो बरसाती की बत्ती बुझा देते, ग्रामोफ़ोन पर रिकॉर्ड लगा देते। अँधेरे में संगीत सुनते। गर्मियाँ होतीं तो पहले छत पर पानी से छिड़काव करवा लेते। किशन, उनका पुराना भरोसेमन्द पहाड़ी नौकर। वह बाबूजी का मन ताड़ जाता।

छत पर मिट्टी की सोंधी ख़ुशबू और संगीत की आवाज़ हवा में एक साथ फैलते।

हवा में तैरती ये ग्रामोफ़ोन की आवाज़ें निर्मल-कथाओं के कितने ही दृश्यों में हैं। जो भी सीने में घुमड़ता है, संगीत के साथ बाहर आ जाता है, अपने अकथ में।

अकथनीय को अकथ से ही कहने का उनका निराला ढंग।

यह लड़का जो इतना चुप्पा हुआ करता था कि एक बार बाऊ जी के कोई दोस्त उनसे मिलने आए तो सिर हिलाता रहा।

"वर्मा साहब यहीं रहते हैं?"

सिर हिला।

"कहाँ हैं?"

उधर, उँगली हिली।

"उन्हें बुला दो।"

कमरे का पर्दा उठाकर झाँका भर।

बाऊ जी बाहर निकल आए। निर्मल ग़ायब।

वह मित्र चले गये तो बाऊ जी ने निर्मल को बुलवाया। डाँटा।

"तुम बोल नहीं सकते? मालूम है, वह क्या कह कर गए हैं? वर्मा साहब, बहुत दुख हुआ, आपका लड़का गूँगा है।"

आसमान को देखना उन्हें बहुत भाता था। धीरे-धीरे डूबता सूरज, गहराता आसमान, दुबला चाँद, चमकते सितारे।

मैंने जब पहली बार करवाचौथ का व्रत रखा, तो शाम भर निर्मल छत पर डोलते रहे कि जैसे ही चाँद निकले, वह मुझे आकर तुरन्त बताएँ।

व्रत मैंने रखा था मगर मुँह उनका सूखा था। और चेहरे पर छिपाए न छिपती एक गर्वीली स्मित, कि अब हमारे लिए भी कोई व्रत रखता है!

उसी घर के पते पर जब मेरे नाम पहली चिट्‌ठी आई, मेरी तभी छपी किताब 'एक दिन लौटेगी लड़की' पर अमृत राय की पाठकीय प्रतिक्रिया, तो निर्मल बड़े हैरान हुए। इसका मतलब, उन्हें विवाह की ख़बर हो गई है। अमृत जी उस घर में कई बार रुक चुके थे, माँ जी के रहते, 1950-60 के दशक में। रामकुमार-निर्मल दोनों के मित्र।

फिर उसके बाद मुझे कमलेश्वर की चिट्‌ठी मिली। वही पाठकीय प्रतिक्रिया! निर्मल मुस्कराए।

भीष्म और शीला साहनी से मैं शीला संधू के घर पर हमारी शादी की रिसेप्शन में मिल चुकी थी। चम्पा और केबी वैद से भी। नामवर जी से भी। कृष्णा जी से साढ़े पन्द्रह साल की उम्र में मिल ही चुकी थी,

मम्मी के दोस्तों की किसी बैठक में। तब कुछ मालूम न था, एक दिन मैं भी लिखा करूँगी।

एक शाम निर्मल कहीं से लौटकर आए तो देखा, उनके कॉलेज के मित्र मुकुल, जो अब लगभग अन्धे हो चुके थे, काफ़ी समय से मुझे 'देखने' आए बैठे हैं और अब बड़े मज़े से अपना रचित बांग्ला गीत गाकर सुना रहे हैं!

एक और शाम निर्मल सैर करके लौटे तो महेन्द्र भल्ला उनके साथ! हमसे एक ब्लॉक दूर वह रहते थे।

शाम को दोनों सड़क पार राजिन्दरनगर के एक ही पार्क में सैर करने जाते थे। योग करती महिलाओं पर तमाम तरह की मज़ेदार बातें। उन दिनों क्या पढ़ रहे हैं, उस सब की भी।

महेन्द्र भल्ला किसी लेखक को मुश्किल से ही पसन्द करते थे। ज़्यादातर बहस के बाद वह निर्णय देते—मीडियॉकर। कई बार बड़ी उत्तेजक बहस जैसे ही ख़त्म होने को होती, मेरी और निर्मल की नज़र टकरा जाती। अब कहेंगे। एक बार तो भल्ला साहब से पहले मेरे मुँह से ही निकल गया! मीडियॉकर!

भल्ला साहब ने ऐसा ठहाका लगाया कि सारा मोहल्ला गूँज उठा।

लबोलुबाब यह कि निर्मल के सब यार-दोस्तों ने मेरा ख़ूब स्वागत किया।

निर्मल की गृहस्थी सबसे बाद में जम रही थी जबकि यार-दोस्त ज़िम्मेदारियाँ निभाते थक चुके थे। हमारी नई गृहस्थी उन्हें ताज़ा करती होगी।

हाल यह कि सन् 2000 के बाद तक भी उनके दूर-दूर फैले कॉलेज के ज़माने के दोस्त निर्मल की बहू देखने आते रहे। कलकत्ता से रिटायर हो गए कॉलेज प्रिंसिपल पीके, बरेन डे जो कभी इंग्लैंड में रहने की इजाज़त के लिए वहाँ झूठ-मूठ के पागल बनकर रहे थे और अब हमें अक्सर आईआईसी की लाइब्रेरी में मिल जाते थे। और मुकुल तो थे ही।

घर में महफ़िलें जमने लगीं। पुरानी यादें। जब वे सब युवा थे, क्रान्तिकारी थे, नर्वस बेरोज़गार थे, भविष्य को लेकर शंकित थे।

1950 का दशक। केबी किसी लड़की को ट्यूशन पढ़ाते थे, निर्मल, भीष्म जी, देवेन्द्र इस्सर कोचिंग कॉलेज में क्लासें लेते थे। महेन्द्र भल्ला क्या करते थे, अब याद नहीं। मनोहरश्याम जोशी और केबी वैद शायद राजिन्दरनगर में रहते थे, भीष्म जी पटेलनगर में, स्वामीनाथन वहीं वेस्टर्न एक्सटेंशन एरिया से एक गली छोड़कर अजमल ख़ाँ रोड पर, निर्मल के जिगरी दोस्त।

निर्मल और स्वामी की बातें ख़त्म होने में न आतीं। एक बार बाऊ जी सैर को निकले तो देखा, दोनों घर के पास खम्भे के नीचे खड़े बातें कर रहे हैं। एक घंटे बाद लौटकर आए तो देखा, अभी भी बातें हो रही हैं! उस दिन उन्होंने निर्मल को बुलाकर पूछा, "तुम इतनी लम्बी-लम्बी क्या बातें करते रहते हो?"

बेचारा उनका गूँगा लड़का मुझे जब यह सब बताता, वह खम्भा दिखाता तो काल और देश गड्डमड्ड हो जाता।

निर्मल के घर की छत पर दोस्तों के जमावड़े होते। कुछ इसलिए कि बस घर के सामने से गुज़रती थी। जाने वाला जा कहीं और रहा होता, घर की छत देखकर बस से उतर जाता।

पहली मंज़िल पर बैठक में बाऊ जी का कमरा था। उसकी बग़ल में सीढ़ियों का दरवाज़ा, जो हमेशा खुला रहता। यार-दोस्त उसे चुपके से खोल सीधे ऊपर बरसाती में जा धमकते। नीचे किसी को कोई ख़बर नहीं।

एक प्यारी, पुरानी तस्वीर में इनमें से कुछ दोस्त मैंने देखे थे। क़रोलबाग़ के घर की छत पर। नरेश मेहता, निर्मल, मुकुल, रामकुमार आदि।

मालूम नहीं उस दिन किसे यह विचार आया होगा कि एक फ़ोटो ले लें। कैमरा भी हर किसी के पास कहाँ होता था।

दोस्तों में सिर्फ़ भीष्म जी के पास अपनी मोटरसाइकिल थी। वही सबसे सम्पन्न भी थे। कॉलेज में उनकी परमानेंट नौकरी लग चुकी थी।

भीष्म जी जब निर्मल की गली में पहुँचते तो दूर से ही बाइक के शोर से उनके आगमन का ऐलान हो जाता। कभी वह बाऊ जी के सामने पड़ जाते तो घबरा जाते। बाऊ जी ठहरे अंग्रेजों के ज़माने के सख़्त रिटायर्ड अफ़सर। एक बार बाऊ जी ने रामकुमार से कहा, "तुम्हारा यह दोस्त मुझे कुछ ठीक नहीं लगता!"

सबसे शरीफ़ दोस्त के लिए बाऊ जी के ऐसे वचन! क्योंकि भीष्म जी बाऊ जी को देखते ही घबरा जाते थे!

पुराने दोस्तों में देवेन्द्र इस्सर पंजाबी-उर्दू मिला कर बोलते थे, हल्का-सा नाक का स्वर भी उनका बजता।

हम मंडी हाउस की किसी गोष्ठी में जाते और देवेन्द्र जी को बोलना रहता, तो माइक उनके पास जाते ही निर्मल मेरी तरफ़ देखते। अक्सर हम एक साथ नहीं, आमने-सामने बैठे होते, जैसे शरारती दोस्त हों। निर्मल को सब पता रहता, मैं अब हँसी, तब हँसी।

कभी-कभी इस्सर साहब वहीं मंडी हाउस के चौराहे पर खड़े हमसे बतियाते रहते। मुझे बताते, कैसे वे लोग अपनी कहानी पढ़कर सुनाते थे। एक कल्चरल फोरम बना रखा था।

उसी सभा में निर्मल ने अपने दोस्तों को इनमें से कुछ आरम्भिक कहानियाँ सुनाई होंगी।

अपने ही जैसे अनगढ़, युवा, कल्पनाशील दोस्त। सुनने वाले, तबसरा करने वाले। तिस पर दोस्तों की यह शर्त कि जो कहानी सुनाएगा, वह सबको चाय पिलाएगा!

आप कल्पना कर सकते हैं इस दृश्य की?

भीष्म साहनी, केबी, भल्ला साहब, मनोहरश्याम जोशी, नरेश मेहता, निर्मल, स्वामीनाथन, रामकुमार। सबके अँखुए अभी निकल रहे थे!

कनॉट प्लेस के सूने गलियारों में घूमते हुए मनोहरश्याम जोशी निर्मल को हर इतवार एक धारावाहिक उपन्यास सुनाते थे, फिर कहते, "शेष अगले अंक में।"

अगले सप्ताह वहीं से कथा आगे बढ़ाते। उन्हें सब याद रहता था।

अफ़सोस कि वह उपन्यास जोशी जी ने कभी लिपिबद्ध नहीं किया।

विभाजन के बाद आए पंजाबी शरणार्थियों से पटा सारा इलाक़ा। क़रोलबाग़, राजिन्दरनगर, आनन्द पर्वत, पहाड़गंज, दरियागंज।

निर्मल, रामकुमार, स्वामीनाथन शरणार्थियों की सहायता में लगे समूहों में भी जाते। कई बार किसी मकान से दंगे में मरी सड़ती लाशें दोनों मित्रों ने निकालीं। इन्हीं वर्षों का एक विचलित कर देने वाला उपन्यास है रामकुमार का—*घर बने घर टूटे*।

भारत का विभाजन किसी एक दिन, एक महीने या एक वर्ष की घटना नहीं। लम्बे समय तक इस घटना ने इस महाद्वीप के लोगों को व्यथित किया है।

पड़ोसी, जो न एक-दूसरे के साथ रह सकें, न एक-दूसरे के बग़ैर।

मैंने जब 'थिगलियाँ' पढ़ी तो चकित रह गई। इतने निकट से देखा था निर्मल ने उजड़े हुए लोगों को? सुना था उनकी विलाप करती चीख़ों को?

बाऊ जी पटियाला से थे, मगर उनके बच्चे पंजाबी नहीं बोल पाते थे। माँ जी पुरानी दिल्ली की खत्राणी थीं। बाऊ जी-बाबा जी के असर से बच्चों की बोली में पंजाबी भाषा का असर ज़रूर आ गया था। निर्मल मेरी पंजाबी मिली हिन्दी सुनते तो मुस्कराते। मैं उनकी भाषा में पंजाबी शब्द पहचानती तो गुदगुदी होती।

जब चारों ओर ज्ञानपीठ पुरस्कार निर्मल और गुरदयाल सिंह में बँटने की आलोचना हो रही थी, पंजाब के एक अख़बार, शायद *ट्रिब्यून* ने, मुखपृष्ठ पर ख़बर छापी—'इस बार का ज्ञानपीठ पंजाब को! एक पंजाब का बेटा है, दूसरा दामाद!'

निर्मल की ख़ुशी देखते बनती थी। मम्मी को अख़बार दिखाया तो उन्होंने निर्मल को लिफ़ाफ़ा दिया, "निर्मल, अवार्ड पर नया सूट पहन कर जाना!"

ऐसी हिला देने वाली कहानी 'थिगलियाँ' उन्होंने अपने पहले संग्रह *परिन्दे* में क्यों नहीं रखी?

उन दिनों चारों ओर उजड़े लोगों का शोर था।

वह उसे बढ़ा तो न देंगे? इसी से बचना चाह रहे होंगे।

कला में सन्ताप के एकान्त की जगह बना रहे होंगे।

उन्हीं दिनों, 1956 में, उन्हें क्षोभ हुआ होगा, सोवियत संघ के हंगरी पर हमले को लेकर। कम्युनिस्ट पार्टी की छात्र सदस्यता उन्होंने त्याग दी होगी।

जिस पार्टी के सदस्य वह मुश्किल से एक-दो साल रहे, उसका ठप्पा उन पर आधे जीवन के लिए लग गया।

जिस पार्टी के अनुमोदक वह कभी नहीं थे, उसका नाम भी उनके साथ अन्तिम वर्षों में चिपक गया।

न यह सच था, न वह।

जो कहानियाँ किसी संकलन में आने से छूट गईं, और वे कहानियाँ जो निर्मल ने अन्तिम वर्षों में लिखीं, जैसे एक रोचक वृत्त बनाती हैं। जहाँ से शुरू, वहीं पर ख़त्म।

जैसे उनके कथा-वृत्त को इसी तरह पूरा होना था। अधूरा भी इसी तरह छूटना था।

मेरे पास कहने को कुछ न था, मगर मैंने इन कथाओं को घटित होते देखा था, इनके लेखक को भी, जो इन्हें अपने भीतर लेकर मेरे साथ हमारा जीवन साझा कर रहा था।

जीवन कहाँ ख़त्म होता है, और साहित्य कहाँ शुरू, अब इसका निर्णय पाठक करें।

25 मार्च, 2024

—गगन गिल

असंकलित कहानियाँ

रिश्ते

टेलीफ़ोन करने पर मालूम हुआ कि कलकत्ता की गाड़ी शाम के साढ़े सात बजे चलेगी। महीप ने अपने होस्टल के 'जीप' को ठीक वक़्त पर स्टेशन के लिए ताँगा लाने का आदेश देते हुए यह भी कह दिया कि दिन का भोजन वह बाहर ही करेगा।

नौकर को आवश्यक आदेश देकर महीप ने अपने कमरे पर एक सरसरी नज़र फेर डाली। यात्रा में काम आनेवाली सामग्री के अलावा प्राय: प्रत्येक वस्तु पैक हो चुकी थी। फ़र्श पर कुछ पुराने अख़बार, रद्दी काग़ज़ और फटे हुए पन्नों के टुकड़े बिखरे पड़े थे। जिस कमरे में रहकर महीप ने अपने कॉलेज-जीवन के पाँच वर्ष बिताए थे, उस कमरे के कोने-कोने में अपरिचित स्तब्धता-सी खिंचने लगी। पूरे पाँच घंटे। इस बचे हुए दिन की अवशेष घड़ियों में महीप अपने-आपको बिलकुल स्वतंत्र पाना चाहता है। परीक्षाओं के बन्धन से मुक्त होकर, आज वह उन समस्याओं और गुत्थियों को सुलझाने का प्रयत्न नहीं करना चाहता जिनको उसने परीक्षाओं

के दौरान दबा रखा था और जो आज उसके मस्तिष्क में छाई शून्यता का लाभ उठाकर उसमें भर जाना चाहती थीं। आज का दिन उसके अतीत से अछूता और भविष्य से असम्बन्धित, बिलकुल स्वतंत्र होगा।

पूरे पाँच घंटे।

महीप ने कमरे की खिड़की से बाहर देखते हुए एक भारी, सूखी-सी साँस ली। होस्टल के फैले हुए लॉन पर वृक्षों की छाया हवा से काँप उठती थी। लाल बजरी की सड़क पर सूखे पत्ते चर्र-चर्र करते हुए, गिरते-पड़ते भागते चले जाते थे। आकाश निस्पन्द राख का पुंज-सा प्रतीत होता था। महीप आज कमरे में नहीं ठहरेगा, वरना अतीत की भटकती छाया उसके अबाध अस्तित्व को विषाक्त बना देगी। वह आज कुछ नहीं सोचना चाहता—कुछ भी नहीं। उसने जल्दी-जल्दी बाहर जाने के लिए कपड़े बदले और अपने अस्त-व्यस्त बालों को ठीक करने लगा। उसने शीशे में से पेड़ के पत्तों से लदी डाली को खिड़की पर झूमते देखा। पिछले पाँच वर्षों से वह इस वृक्ष को इसी तरह अपनी खिड़की के सम्मुख देख रहा है। मेज़ पर पड़ी किताब के खुले पन्नों पर, कपड़े पर काढ़े हुए बेल-बूटों की भाँति, पत्तों की स्निग्ध छाया उसके हृदय को सदा उल्लसित करती रही है। उसने झपटकर खिड़की बन्द कर दी और कमरे का दरवाज़ा लगाकर, वह सीढ़ियाँ उतरने लगा।

सीढ़ियाँ उतरते, वर्षों से जमी स्मृतियाँ उपचेतना की अँधेरी कोठरी की सीढ़ियों पर चढ़कर, बिना किसी क्रम के एक के बाद एक मानो उजाले में आने लगीं। कमरे की प्रत्येक वस्तु, जो अब तक निर्जीव और परायी-सी लग रही थी, फिर से स्पन्दित होने लगी। किताबों की शेल्फ़ के ऊपर लैंडस्केप का चित्र लगा था, जिसमें टूटे-फूटे पुराने खँडहरों की पृष्ठभूमि में, घास के मैदान और ऊबड़-खाबड़ झाड़ियाँ चित्रित की गई थीं। चित्र पर तूलिका से अन्तिम स्पर्श करते हुए, परेश ने कहा था, "महीप, जब तुम पीछे खड़े होकर चित्र देखने लगते हो, तो कैनवस पर मेरे रंग ठीक नहीं आते।"

सुरमा ने घास पर लेटे-लेटे, पुस्तक से बिना आँखें उठाए पूछा, "क्यों?"

"शायद चित्र सफल होने पर, मेरे द्वारा वह छीन लिया जाए, इस डर से!" महीप ने मुस्कराते हुए कहा।

चित्र समाप्त होने पर, परेश ने उसे सूखने के लिए पेड़ के सहारे थमा दिया। सुरमा अपनी पुस्तक छोड़कर, महीप के साथ चित्र देखने लगी। सुरमा ने अपनी अधमिची आँखों से चित्र को देखते हुए कहा, "इमारतें कुछ पीछे की ओर झुकती-सी प्रतीत होती हैं।"

"प्रत्येक वस्तु मरने पर अकड़ जाती है, सुरमा!" महीप ने कुछ धीरे से मुस्कराते हुए कहा।

सुरमा को उत्तर पसन्द न आया।

"किन्तु खँडहर पुराना होने पर भी तो अतीत का जीता-जागता प्रतीक है।"

"केवल प्रतीक-भर रह जाना ही तो उसकी मृत्यु का चिह्न है। परेश, ज़रा एक सिगरेट इधर भी फेंकना!" महीप ने मानो बहस को बन्द करते हुए कहा।

सूर्य की हल्की पीली किरणें खँडहर के गुम्बद पर चढ़कर, थकी-सी नीचे उतरने लगीं। पिकनिक समाप्त हो चली थी। ग्रामोफ़ोन पर वायलिन का रिकॉर्ड चढ़ाकर सुरमा प्यालों में चाय डालने लगी।

"क्रिसमस की छुट्टियाँ समाप्त होने को आ गईं; अब एक दिन का प्रोग्राम घर में ही क्यों न रखो?" सुरमा चाय का प्याला महीप की ओर बढ़ाते हुए बोली।

"अब तो परीक्षाओं के बाद ही आना हो सकेगा," महीप ने कहा।

परेश ने हँसकर चाय की चुस्की लेते हुए कहा, "हर काम परीक्षाओं के बाद ही होगा, क्यों? एला से भी परीक्षाओं के बहाने तुम महीनों से नहीं मिले हो। कल भी बेचारी मुझसे तुम्हारे सम्बन्ध में पूछ रही थी।"

महीप का चेहरा मलिन हो उठा। सुरमा के सामने एला का नाम आते ही वह अपने को इतना दुर्बल क्यों महसूस करने लगता है? वह सुरमा से प्रेम करता है, इस सत्य पर उसे सन्देह क्यों होने लगता है? उसने सुरमा को देखा और उसको लगा, मानो वह कोई अजनबी हो। उसके प्रेम का आधार क्या है? जिस घड़ी उसने सुरमा से प्रेम किया था, कहीं वह उसकी गूँज को तो लम्बी करने के प्रयास में नहीं है—उस घड़ी के प्रति ईमानदार होने के नाते? महीप ने धुँधलके में से खँडहरों की बुझी हुई आकृति को देखा। खँडहर का महत्त्व उसकी ऐतिहासिक प्राचीनता में ही है, उनके पुनर्निर्माण में नहीं।

सुरमा का प्रेम पाकर उसको जान पड़ा था कि जीवन की रिक्तता भर गई है। अराजकता की बंजर भूमि प्रेरणा का स्रोत बन गई थी। सुरमा के संग रहकर जीवन को मुड़-मुड़कर देखना न होगा। प्रत्येक वस्तु अपने स्थान पर उचित जान पड़ती थी। आत्मसन्तोष और सुरक्षा की दीवारों ने बाहर की आवाज़ों को घोंट-सा दिया था। सुरमा मानो सब प्रश्नों का उत्तर, सब रिक्तताओं की पूर्ति थी।

फिर अकस्मात् धक्का लगा, मानो सोए हुए व्यक्ति को किसी ने झिंझोड़कर जगा दिया हो। सुरमा का प्रेम और उसके संग निर्मित समस्त मान्यताएँ रेत के घरौंदों की तरह टूटने लगीं।

कुछ दिन पहले कलकत्ते से माँ का पत्र आया था। एला का भाई मज़दूरों की किसी हड़ताल में गिरफ़्तार हो गया था। एला की वर्तमान परिस्थिति में उस पर इस समाचार की कितनी घोर प्रतिक्रिया होगी, इसका अनुमान करके ही महीप को लगा कि उसका एला से मिलना अत्यावश्यक है।

संकीर्ण गली के अन्दर मकान में महीप का दम घुटने लगा। वह कमरे से निकलकर छत पर आ गया। एला अभी स्कूल से पढ़ाकर नहीं लौटी थी। बड़ी मौसी ने महीप को अपनी बार-बार झपकती हुई आँखों से छेदते हुए उसको कुर्सी पर बैठने के लिए कहा और फिर कुछ देर तक उसके पास खड़ी होकर बुदबुदाती रही।

महीप इतना समझ पाया कि स्कूल के बाद एला दो-एक ट्यूशन करने जाती है और इसीलिए रोज़ घर लौटने में रात हो जाती है।

महीप ने सिगरेट जला ली। छत पर से वह जुम्मा मस्जिद के गुम्बदों को देखने लगा, जो सन्ध्या के फीके अन्धकार में मानो साँस रोके खड़े थे। गली में बच्चों के चीख़ने-चिल्लाने की आवाज़ें और कभी-कभी किसी कुत्ते के भौंकने का फटता हुआ-सा स्वर वातावरण में तीखी उष्णता-सी उत्पन्न कर देता था। महीप को अपने पीछे प्रकाश का आभास हुआ। पीछे मुड़कर देखा तो एला एक हाथ में लालटेन लिये खड़ी थी और उसका मद्धिम प्रकाश उसके कुम्हलाए साँवले मुँह पर झिझकता हुआ बिखर रहा था।

"बहुत दिन में आना हुआ?" एला के स्वर में हल्का-सा उलाहना था।

"परीक्षाओं की तैयारी में कहीं बाहर जाना नहीं होता। पहले वर्ष तो कुछ पढ़ा-पढ़ाया नहीं था।"

हाँ, पहले वर्ष वह एला को भूलने के लिए सुरमा को खोज रहा था।

"स्कूल में काम कैसा चल रहा है?" महीप ने बात करने के लिए ही पूछा।

एला अपने स्कूल के सम्बन्ध में कुछ कह रही थी। उसकी आँखें महीप पर न टिककर कभी उसकी क़मीज़ के बटन पर और कभी लालटेन पर से उड़ती हुई, कहीं भी आश्रय न पाकर, एक क्षण के लिए विवश हो, महीप की आँखों पर ठहर, फिर से अपनी अधीर खोज आरम्भ कर देती थीं। दिनभर उपेक्षित रहने के कारण बाल ढीले होकर असहाय-से

नीचे झुक आए थे और ज़रा-सी हवा चलते ही काँपने लगते थे। होंठों पर कुहेलिका-सी जम गई थी, जो जब होंठ हिलते थे, तो पिघलकर फैल जाने के लिए मचल-सी उठती थी। एला बोलते हुए अचानक रुक गई, "मुझे क्या देख रहे हो?"

महीप ने प्रश्न को अनसुना करके कहा, "तुम यहाँ सुखी हो एला?"

"यहाँ यह सोचने के लिए समय ही नहीं मिलता," एला ने मुस्कराते हुए कहा।

"तुम अक्षय को छोड़कर इतनी दूर आ कैसे गईं? तुम मुझसे कुछ छिपा रही हो, एला!"

"तुमसे छिपाकर क्या होगा? एक दिन तुमसे बिना कुछ कहे-सुने मैं तुम्हारे जीवन से अलग हो गई। यदि अक्षय बाबू भी उसी तरह मुझसे अलग हो जाएँ, तो मैं क्या तुमसे शिकायत करूँगी?"

सहसा महीप को माँ के पत्र का स्मरण हो आया, "नितीन की गिरफ़्तारी की बात क्या सच है?"

एला ने बिना किसी भाव-प्रदर्शन के सिर हिला दिया।

महीप स्तब्ध होकर बैठा रहा। आगे बात को बढ़ाना व्यर्थ था। महीप को लगा कि वह इस स्त्री के सम्मुख एक कमज़ोर बच्चा है और उसको अपने ऊपर ग्लानि-सी होने लगी। क्या यह वही एला है, जिसको कभी उसने प्रेम किया था? जिस स्त्री को उसका पति त्यागकर भाग गया हो, जिसका भाई जेल में डाल दिया गया हो, वह ऐसे निश्चिन्त अविचलित भाव से बैठी है, मानो उसका जीवन सब घटनाओं के प्रति तटस्थ है, उनसे उसका कोई सम्बन्ध-सरोकार नहीं है!

"परीक्षाओं के बाद क्या करोगे?" उसी निर्विकार स्वर में एला ने प्रश्न किया।

"कुछ सोचा नहीं है; उसके लिए काफ़ी समय है।"

"गर्मियों की छुट्टियों में मेरे संग कलकत्ता चलोगे?"

"अभी तो विचार नहीं है।"

"विचार करने में अब तुम स्वतंत्र भी तो नहीं हो!" एला ने थोड़ा मुस्कराकर कहा।

और सुरमा की छाया उन दोनों के बीच में से गुज़र गई।

महीप ने एला को देखा। उसने धीरे से एला का हाथ पकड़कर कहा, "तुम ग़लत हो एला! मैं आज भी उतना ही स्वतंत्र हूँ, जितना पहले कभी था।"

'और पहले भी तुम कौन बहुत स्वतंत्र थे?' एला की आँखें मानो कह रही हों।

एला ने हाथ छुड़ा लिया। उसकी आँखें लालटेन का प्रकाश कुरेदने लगीं। कलकत्ते के रेस्तराँ में एक दिन बैठे हुए महीप ने एला से पूछा था कि क्या वह अक्षय के लिए अपने स्वतंत्र व्यक्तित्व को मिटाने के लिए तैयार है? एला ने हँसकर कहा था कि यदि उसको इतना ही भय है तो वह उसको कहीं भगाकर क्यों नहीं ले जाता, जहाँ किसी के लिए भी ऐसा ख़तरा न हो!

'और तुम मेरे संग चलोगी?'

'क्यों नहीं, यदि मुझे तुम्हारे व्यक्तित्व को नष्ट करने का भय न होता।'

आज भी एला की आँखें यहीं कहती प्रतीत होती थीं।

एला की मौसी चाय ले आई थी। एला कुछ कहना चाह रही थी। उसके बाल और भी आगे माथे पर झुक आए थे। मौसी के जाने के बाद उसने बहुत ही विचित्र और भारी स्वर में कहा, "तुमने एक दिन मुझे भगा ले जाने की चुनौती दी थी। क्यों, याद है न?"

महीप ने सिर उठाकर एला के सारे मुँह पर अपनी आँखें फैला दीं। उसको अपना चाय का प्याला मेज़ पर रख देना पड़ा। 'नहीं' या 'हाँ'—एला ने मानो उससे अपनी सारी झिझक-हिचकिचाहट छोड़कर, साफ़ उत्तर माँगा हो। एला के प्रश्न का उत्तर आज सुरमा के सम्बन्ध

और रिश्ते के उलझे धागों को सुलझा देगा। एला मानो सुरमा की ओर से उसकी ईमानदारी की परीक्षा कर रही है। किन्तु वह 'हाँ' या 'नहीं' में उत्तर कैसे दे? इसको किस तरह से अपनी विभिन्न स्थितियों के उत्तर में बदलते हुए 'मैं' की ओर से अपने को ज़िम्मेवार ठहराए? किन्तु महीप ने उत्तर दिया, "मैं आज भी तैयार हूँ; पर तुम आज भी मेरे संग जाने में समर्थ नहीं हो पाओगी।"

"क्यों?" एला का घुटा हुआ स्वर अन्धकार को चीरता हुआ-सा उठा।

"क्योंकि मैं अक्षय नहीं हूँ।"

एला के होंठ काँपने लगे। वह कुछ देर तक निस्तब्ध रही। फिर मानो ज़बरदस्ती अपने स्वर को संयत करते हुए उसने कहा, "किन्तु, मैं भी तो शायद अब वह एला नहीं रही।"

एला का मुँह राख-जैसा हो गया था। उसके होंठ कुछ अस्फुट शब्दों को कहने का व्यर्थ प्रयास कर रहे थे। मानो बिजली का झटका पाकर, उसने उसे दोनों काँपते हाथों से पकड़ लिया।

"महीप, तुम पागल हो!"

विगत जीवन के निर्जीव धागों से बदलते रिश्तों को कैसे बाँधा जाए? पागल कौन है—महीप, एला, समय या ये खँडहर?

एला महीप का हाथ छोड़कर कमरे में भाग गई। बाहर छत पर से लालटेन का फीका प्रकाश कमरे के आधे-सिमटे अन्धकार को और भी करुण बनाने लगा। एला औंधे-मुँह बिस्तर पर रोती रही।

महीप सब कुछ समझता हुआ भी, ज़मीन से चिपका खड़ा रहा। उसके दिमाग़ पर बरसों से दबा हुआ कुहरा, मानो फूटकर छा जाना चाहता हो। उसको लगा, मानो एला की अगली सिसकी के आते ही, वह उसके पास जाकर उससे समझौता कर लेगा। जो शब्द वह कहलवाना चाहती है, कह देगा। किन्तु एला रोती रही और महीप काठ के पुतले की तरह खड़ा रहा।

"एला, यदि तुम मुझे सुरमा से बचाना चाहती हो, तो निश्चिन्त रहो! तुम्हारे कड़वे अनुभव ने मुझे बहुत-कुछ सिखा दिया है। मेरे अधूरेपन की सत्यता तुम्हारी अनुभूति में ही निहित रहेगी। सुरमा के संग मैं स्वतंत्र हूँ। किन्तु यदि तुम स्वयं अपने को मेरे प्रेम का पात्र बनाना चाहती हो, तो उसके लिए हमें जान-बूझकर अनजान बने रहने का कृत्रिम अभिनय करना पड़ेगा, जिसके लिए हममें से कोई भी स्वतंत्र नहीं है।"

महीप के शब्द कोठरी में रोती हुई एला की सिसकियों के संग उलझकर रह गए।

सीढ़ियों पर अँधेरा था। महीप क्षण-भर झिझका-सा खड़ा रहा।

"तुम चलो, मैं लालटेन लिये आती हूँ।"

एला का भीगा-सा स्वर पीछे से सुनाई दिया। ज़ीने की दीवार पर एला की छाया उसके पीछे-पीछे उतरने लगी।

महीप जब खुली, चौड़ी सड़क पर आ गया, तो उसको लगा, मानो एला की छाया बराबर उसके पीछे आ रही है! मानो कुछ ही क्षणों में उस पर छा जाएगी, ग्रस लेगी। वह न जाने क्या सोचकर भागने लगा।

पिकनिक का सामान बाँधकर वे लोदी बाग़ के बाहर, पक्की सड़क पर आ गए। परेश ने रास्ते में ही उनसे विदा ले ली।

वे दोनों धीरे-धीरे बस-स्टैंड की ओर चलने लगे। हवा चलने से पेड़ों के पत्ते सर्र-सर्र करते हुए रात्रि की निस्तब्धता को और भी सघन बनाने लगे। चुप्पी बोझिल-सी बन गई। महीप कुछ कहना चाहता था, किन्तु सुरमा के शान्त-निश्चल चेहरे को देखकर चुप रह गया। हवा के झोंकों से लैम्प-पोस्ट के प्रकाश से घिरे, पीले दायरे में पेड़ों की छायाएँ काँप-काँप जाती थीं।

महीप ने देखा, बस-स्टैंड पास रह गया है, और वह अब तक कुछ भी नहीं कह पाया है। इस शाम के बाद वह परीक्षाओं में उलझ जाएगा, शायद एक-दो महीने सुरमा से मुलाक़ात न हो पाए। वह कब तक सुरमा को टालता जाएगा? सुरमा क्या सोच रही है? क्या वह एला से प्रेम करता है?

"सुरमा!" महीप को अपना स्वर ही अस्वाभाविक-सा लगा।

सुरमा ठिठक गई। दोनों अँधेरे में फुटपाथ पर खड़े रहे। हवा चलने से सुरमा का आँचल खिसक जाता था और वह अनजाने में ही उसको सँभाल लेती थी। सुरमा ने महीप की ओर देखा। महीप को लगा कि कोई उसके दिल को कचोट रहा हो।

"सुरमा, तुम एला को जानती हो?"

सुरमा ने अपना विवर्ण-कातर चेहरा उठाकर महीप की ओर देखा।

विक्षुब्ध, विचलित स्वर में उसने कहा, "जानती हूँ। परेश ने सब कुछ कह दिया है।"

"तुम क्या यह भी जानती हो कि एला को छोड़कर उसका पति भाग गया है और उसके लिए अब कोई नहीं रह गया है... केवल मेरे...?"

सुरमा की मूक खोई-सी दृष्टि लैम्प-पोस्ट की पीली रोशनी में, पत्तों की हिलती छाया में उलझकर रह गई।

"लेकिन मैं नहीं हूँ। मेरे और एला के बीच कुछ नहीं रह गया। एला ने विवश होकर अँधेरे में मेरा हाथ पकड़ा, मुझे अपनाया, किन्तु मजबूरी से तो प्रेम नहीं उत्पन्न होता, सुरमा!"

सुरमा ने महीप की ओर प्रश्नयुक्त आँखें उठाईं, मानो पूछ रही हो कि उससे यह सब कहने के क्या मायने?

महीप ने सुरमा का हाथ अपने हाथ में ले लिया और उसको लगा कि उसके हृद्-स्पन्दन की तीक्ष्ण धार कुरेद-कुरेदकर, खोदकर बड़ी

कठिनाई और कष्ट से एक-एक शब्द को तोड़कर, उसकी ज़बान पर फेंक रही है, किन्तु वे ज़बान पर पहुँचते ही उखड़ने लगते हैं, सूखने लगते हैं।

"यदि मैं तुमसे कहूँ कि जिस घड़ी मैं तुमसे मिला था, तुम्हें छू पाया था, जिस क्षण को हमने बेसुध होकर जीवन का मधुरतम विराट् सत्य मान लिया था, वह क्षण झूठा था, ग़लत था, तो इसे मानोगी या विश्वासघात का लांछन मुझ पर लगाकर, मुझसे घृणा करने लगोगी?"

महीप को लगा, उसके हाथ के अन्दर दबी सुरमा की अँगुलियाँ काँप कर कराह-सी उठी हैं।

"सुरमा, कन्फ़ेशन करके मार्टर बनने की भावना मुझमें है या नहीं, यह मैं नहीं जानता, किन्तु तुमसे यह सत्य कैसे छिपाऊँ कि आठ महीने पहले जब अपनी विशृंखलित और जर्जरित ज़िन्दगी में तुम्हें अपना पाया, तो इसलिए नहीं कि तुम सुरमा हो वरन् उस क्षण तुम केवल एला के रिक्त स्थान को पूरा-भर करने वाली, एला से परित्यक्त, मजबूरी में बँधे, एक भागे हुए व्यक्ति का आश्रय मात्र थीं। 'एस्केप' का वह क्षण अपने में नकारात्मक था, इसलिए सुरमा, वह झूठा था, ग़लत था।"

सुरमा ने झटके से अपना हाथ छुड़ा लिया। उसकी साँस तेज़ी से बार-बार ऊपर-नीचे चल रही थी। वह कुछ न कहकर, बस-स्टैंड की ओर चलने लगी।

महीप क्षण-भर हतबुद्धि-सा खड़ा रहा, मानो उसके शरीर का अंग-अंग सूखे काठ की तरह निर्जीव और जड़ हो गया हो। वह हाँफता, लड़खड़ाता-सा सुरमा के सामने जाकर खड़ा हो गया।

"सुरमा, तुम मुझसे भाग रही हो! किन्तु क्यों? क्या मैं इतना बुरा हूँ कि तुम मुझ पर विश्वास भी नहीं कर सकतीं? क्या हम एक-दूसरे को नये सिरे से नहीं समझ सकते? सुरमा, तुम मुझे क्यों नहीं समझातीं?"

महीप के स्वर में अनुनय था। आवेश से उसका गला विदीर्ण-सा हो रहा था।

महीप के रुँधे, कलपते शब्द बस की गड़गड़ाहट में डूब गए। अँधेरी सुनसान सड़क बस की हेडलाइट्स के प्रकाश से क्षण-भर के लिए चौंककर एक गहरी नींद से जाग उठी। सुरमा क्षण-भर के लिए निस्तब्ध खड़ी रही, फिर महीप को एक ओर ढकेलती हुई वह बस में चढ़ गई।

महीप मूर्तिवत्, फ़ालिज़ मारे हुए व्यक्ति-सा, बिना हिले-डुले उसी तरह खड़ा रहा, मानो बस के घूमते हुए पहियों में उसकी ज़िन्दगी चरमराकर भिंच गई हो।

महीप जब होस्टल में आया, तो कॉलेज के लॉन की गीली, मुलायम घास पर वृक्षों की सघन छायाएँ लम्बी होने लगी थीं। आकाश पर बादल घिर आए थे और वातावरण में निस्पन्दित धुँधलापन स्याही-सी फैलाने लगा था। महीप कमरे में घुसते ही, बिना जूते उतारे, उन्हीं कपड़ों में होल्डॉल को सिरहाना बनाकर, अधलेटा-सा सुस्ताने लगा। यह उसका कॉलेज-हॉस्टल में अन्तिम दिन है और वह अपने उन मित्रों से विदा माँग चुका है, जिनके कुछ पेपर शेष रह गए हैं।

महीप लेटे-लेटे थकी हुई अधमुँदी आँखों से कॉलेज के चैपल के ऊपर लगे 'क्रॉस' को देखने लगा, जो नीरव बुझे आकाश के नीचे फैली शून्यता में उदास और क्षुब्ध खड़ा था। सर्विस आरम्भ हो गई थी और चैपल से पियानो का भीगा-दबा-सा स्वर उसके हृदय में एक घनीभूत वेदना उड़ेलने लगा। वह इन पाँच घंटों में शहर के रेस्तराओं,

पुस्तकों की दुकानों, बाग़-बग़ीचों में भटकता हुआ, क्या अपने को क्षण-भर के लिए भी अतीत से छुड़ा पाया है? सुरमा अपने पिता के संग गर्मियों की छुट्टियाँ बिताने मसूरी चली गई थी और एला के घर जाने के विचार से ही उसका हृदय काँप उठता था।

महीप की अधमुँदी पलकें धीरे-धीरे एक-दूसरे के पास सिमटने, सरकने लगीं। महीप को कहीं दूर किसी अँधेरे बन्द कमरे से हँसी के क़हक़हे सुनाई देने लगे, जिनका स्वर बढ़ता, फैलता कानों को भेदे डाल रहा था। महीप को लगा, मानो आवाज़ें बहुत-कुछ एला या सुरमा के स्वरों से मिलती-जुलती हैं। किन्तु वह बहुत कोशिश के बावजूद जान नहीं पा रहा था कि कमरे के अन्दर एला है या सुरमा। महीप बदहवास-सा होकर दरवाज़े को खटखटाने लगा। किन्तु दरवाज़ा नहीं खुलता था और उसके पीछे उसकी अवहेलना करते हुए, हँसी के ठहाकों का स्वर इतना ऊँचा और तीव्र हो गया था कि जिस स्तर पर हँसी और रोने में कोई भेद नहीं रहता! एला है या सुरमा...महीप विक्षिप्त-सा होकर दरवाज़े पर घूँसे मार रहा था...

जब महीप की आँख खुली, तो चैपल से पियानो का संगीत-स्वर आना बन्द हो गया था और उसके कमरे के बन्द दरवाज़े पर कोई दस्तक दे रहा था। महीप ने पसीने से तर, काँपते हाथों से चिटकनी खोली। बाहर अँधेरे कॉरिडोर में होस्टल का नौकर खड़ा कह रहा था, "बाबूजी, स्टेशन के लिए ताँगा ले आया हूँ।"

['कल्पना' : जनवरी, 1954]

बैगाटेल्ल

नीचे से अम्माजी उसे बुला रही थीं। गीली धोती को सुखाते हुए हेमन्ती ने आँखें बचाकर एक बार फिर पासवाली छत पर निगाह डाली और उसका जी भारी-सा हो आया। धूप चढ़ आई थी और सुमेर बाबू कम्बल में लिपटे हुए गठरी की तरह पड़े हुए थे। कम्बल कहीं से भी तनिक उघड़ा हुआ होता, तो वह उनका चेहरा या हाथ या पाँव देख पाती। सहसा हेमन्ती के मन में आया कि वह ऐसा कुछ करे या कहे कि सुमेर बाबू जाग जाएँ और उसको वहाँ खड़ा हुआ देख लें, और जान लें कि वह कितनी देर से उनकी प्रतीक्षा में ऐसे ही खड़ी है।

सुमेर हिले-डुले नहीं, पत्थर-से निश्चेष्ट और निश्चल, हेमन्ती की उपस्थिति से सर्वथा उदासीन पड़े रहे। केवल साँस से कम्बल ऊपर-नीचे हो जाता था।

हेमन्ती उद्विग्न-सी हो उठी। पराये घर की छत पर वह कब तक बेहया की तरह झाँकती रहेगी?

नीचे से अम्माजी उसे बुला रही थीं। चाय का पानी उबल रहा होगा। देगची चूल्हे पर चढ़ाकर वह अपनी गीली धोती सुखाने चली आई थी। उसकी अँगुलियाँ धोती का छोर रस्सी से बाँधती रहीं और खोलती रहीं। वह व्याकुल आँखों से सुमेर की उठती-गिरती साँसों को देखती रही। उसके खुले, लम्बे, भीगे बालों से पानी की बूँदें छत पर टपकती रहीं।

हेमन्ती को लगता कि किसी ने उसके दिल पर भारी पत्थर-सा कुछ रख दिया है, जो उतारते नहीं बनता। जिस दिन से बाबूजी उसके ब्याह का मुहूर्त निकलवा लाए हैं, हर घड़ी, उठते-बैठते उसके दिल में एक कँपकँपी-सी छूटती रहती है। सगाई तो उसकी चार-पाँच वर्ष पहले ही हो चुकी थी। तब वह नौवीं में पढ़ती थी। फिर ब्याह का मुहूर्त निकलना हेमन्ती के लिए कोई अकस्मात् घटना हो, ऐसी बात नहीं थी। लड़केवालों की ओर से यदि विलम्ब नहीं होता, तो उसके हाथ कब के पीले हो गए होते।

हेमन्ती ने आकाश में बादलों के छितरे-से टुकड़ों को देखा, जो रुई के गालों की तरह अलसाए हुए सर्दी की रेशमी धूप में बिखरे पड़े थे। धुंध के हल्के नीले पर्दे की पिघलती छाया के पीछे से मकानों की छतें ताश के पत्तों की भाँति दूर तक फैलती जा रही थीं। हेमन्ती की निगाहें लौटकर फिर सुमेर बाबू पर जा टिकीं...

इधर कुछ दिनों से वह सुमेर बाबू से कतराने लगी है। उनसे अपने को छिपाने लगी है। लेकिन ऐसा करके क्या एक क्षण के लिए भी उन्हें भुला पाई है? नहीं, उनके बारे में वह पहले से भी ज़्यादा सोचने लगी है। कल रात बहुत देर तक वह नहीं सो सकी। अपनी खिड़की से वह सुमेर बाबू के कमरे की ओर एकटक निहारती रही। उस अँधेरी निस्तब्धता में भूचाल की तरह एक ऐसा भी क्षण आया कि उसका समूचा व्यक्तित्व ही काँप गया। जाने क्यों उसके जी में अचानक ही यह आया कि वह दीवार फाँद जाए और सुमेर बाबू को जगाकर उनसे सब कुछ कह दे—

वह सब कुछ, जो बवंडर-सा दिन-रात उस पर छाया रहता। किन्तु रात का वह पगला क्षण बीत गया और रात भर वह अपने से ही विवश सूखे पत्ते की तरह काँपती रही।

और फिर रात के बाद जो यह नया दिन उसको अपने भँवर में घेरने लगा है, यह भी बीत जाएगा और उसके बाद एक और दिन, और उसके बाद एक और दिन और वह इस भँवर में शायद और भी उलझता जाएगा, घिरता जाएगा।

धूप चढ़ आई। धुंध के बादल धीरे-धीरे आकाश की हल्की फीकी नीलिमा में घुलने लगे। हेमन्ती के पाँव सिकुड़-से गए और उसके हाथों की अँगुलियाँ अकड़-सी गईं।

बाबूजी दफ़्तर जा चुके थे और अम्माजी रसोई का काम निपटाकर पड़ोसी के यहाँ चली गई थीं। वहाँ कोई बीमार था। महरी को रोटी देकर हेमन्ती अख़बार लिये छत पर आई। देखा, सुमेर बाबू अपनी बरसाती के बाहर आरामकुर्सी पर अधलेटे-से आकाश के एक कोने में एकटक कुछ निहार रहे थे। पास ही तिपाई पर पड़ी खुली पुस्तक के पन्ने हवा में फड़फड़ा रहे थे। हेमन्ती कमरे से अपनी शॉल उठा लाई और ईंटों की छोटी-सी दीवार को लाँघकर वह चुपचाप सुमेर बाबू की कुर्सी के पीछे जा खड़ी हुई। सुमेर बाबू ने उसकी झिझकी-सी छाया अपने सामने देखी।

"हेम, तुम हो? ज़रा उधर देखो।"

मुहल्ले की छतों के ऊपर दो रंग-बिरंगी पतंगों की डोरें आपस में उलझ गई थीं। हेमन्ती ने सुमेर बाबू को शॉल ओढ़ाते हुए दबे स्वर में कहा, "अभी तो बुख़ार से उठे हो, रात को बरसाती में क्यों सोते हो?"

सुमेर बाबू के स्वर में एक भारी-सी थकान थी और उसके नीचे दबा एक कमज़ोर-सा उलाहना था, "अकेले कमरे के अन्दर कभी-कभी मन बहुत घबराता है। बीमारी में ऐसा हो जाता है, हेम। जाने कैसी-कैसी बातें कहाँ-कहाँ से आकर परेशान करने लगती हैं!" और फिर सुमेर बाबू का स्वर बहुत धीमा हो गया, मानो अपने से ही कह रहे हों, "बाहर कोई न भी हो, तो भी दिल बहला रहता है।"

हवा का बहका-सा एक झोंका आया। सुमेर बाबू के शब्द छत की धूल के साथ बह गए। एक चिड़िया छत की मुँडेर से उड़कर रेडियो के एरियल के बाँस पर जा बैठी। सुमेर बाबू अपने शब्दों के बीच जो मौन शून्यों का ढेर छोड़ गए थे, उनको हेमन्ती कैसे पार करे, कैसे भर पाए? हेमन्ती को लगा कि कहीं उसके दिल के नीचे, बहुत नीचे, बहुत गहरे में एक फाँस है, जो दिखती नहीं, किन्तु बराबर चुभती है—एक मर्मान्तक टीस की तरह।

"हेम, इधर तुमने आना-जाना क्यों बन्द कर दिया? बीमारी में बहुत बातचीत करने को जी चाहता है। जानती हो, कल रात क्या हुआ?" सुमेर कुछ क्षण के लिए चुप हो गए, मानो उनके भावों के झक्कड़ में शब्द बनने से पहले ही उखड़ जाते हों। फिर कहा, "मुझे सोचते-सोचते अचानक ऐसा जान पड़ा कि तुम तुर्गनेव की लिज़ा हो, जो मोमबत्ती लिये मेरी छत के सामने अँधेरे में खड़ी हो और गिरजे में इबादत करती हुई-सी तुम्हारी छाया झुकी-सी मेरे पलंग पर रेंग रही हो..."

सभी कुछ चुप है। शब्द कुछ बोले बिना ही जैसे घुले जाते हैं। आकाश में एक कटी हुई पतंग हवा में डगमगाती-सी, झिझकती-सी मकानों की छतों पर असमंजस में पड़ी मँडरा रही है। बच्चों के दिल बाँसों उछल रहे हैं। चिड़िया घबराकर एरियल को हिलाती चूँ-चूँ करती हेमन्ती और सुमेर के ऊपर से पंख फड़फड़ाती हुई उड़ जाती है।

हेमन्ती ने देखा, सुमेर बाबू की आँखें बन्द हो गई हैं, शरीर ढीला-सा पड़ गया है। पीले-से चेहरे पर आँखों से नीचे सूखे होंठों तक रेखा गहरी

हो गई है, जो वह यदि नींद में होते, तो शायद इतनी गहरी और तनी हुई नहीं होती।

हेमन्ती के दिल को झुलसाता हुआ कुछ घुटा-घुटा-सा उबल रहा है, जो जल नहीं पाता, बह नहीं पाता।

हेमन्ती ने अपना काँपता हाथ सुमेर के हाथ पर रख दिया।

'मैं कल रात तुम्हारी छत के सामने खड़ी रही, सुमेर बाबू, पास आने का साहस नहीं बटोर पाई। मैं तुमसे किन शब्दों में कहती, सुमेर बाबू कि मैं मंगेतर हूँ चार वर्ष से! मैं जानती थी कि एक दिन आएगा, जब तुम सब कुछ जान जाओगे। किन्तु जानने से ही क्या मैं उन क्षणों को खो देती, जो मैंने तुम्हारे संग बिताए हैं और मेरा ब्याह हो जाने पर भी वे क्षण क्या झूठे हो जाएँगे?

'कल रात जब तुम बुख़ार में बड़बड़ा रहे थे और मैं अपनी बरसाती की दीवार से सटी अँधेरे में काँप रही थी, तो मैंने सोचा कि मैं कौन हूँ, तुम कौन हो? वह हेमन्ती कौन है, जिसने तुम्हें प्रेम किया है? क्या वह जीवन-भर एक भुतही छाया की तरह इस हेमन्ती के इर्द-गिर्द भटका करेगी, जिसका दो महीने में ब्याह होनेवाला है?...किन्तु कोई कुछ नहीं बोला, केवल हवा के चलने में पेड़ों के सूखे पत्ते चरमर करते रहे। रात के उन क्षणों में, जब पुराना साल अन्तिम साँसें तोड़ता जा रहा था, मैं अँधेरे में एक बच्चे की तरह आँखें फाड़े वह कुछ देखने के लिए छटपटा रही थी, जो सत्य है, स्थायी है, जो मुझे या तुम्हें या हमारी स्मृतियों को समय की धूल के रेले के संग बहा नहीं ले जाएगा, मिटा नहीं पाएगा। मुझे लगा, मानो कहीं बहुत दूर से अतीत के पर्दों से छनती एक छाया, जो कुछ नहीं देखती, कुछ नहीं सुनती, हाँफती हुई छत की छोटी-सी ईंटों की दीवार को फाँदकर तुम्हारे पास आ कहती है, सुमेर बाबू! अरे, सुमेर बाबू, देखो! मैं आ गई, देखो!

'फिर, "हेमन्ती, मैं यहाँ हूँ", तुम्हारा धीमा स्वर किसी घाटी पर तिरता अँधेरी कन्दरा के बीच से आता सुनाई दिया।

'"कहाँ? मुझे अँधेरे में कुछ भी नहीं सूझता, सुमेर बाबू।"

'और मुझे ऐसा आभास हुआ, मानो मैं तुम्हारे और उस छाया के बीच दीवार बनकर खड़ी हूँ।

'और वह छाया कौन थी, जो अपनी कोसती हुई अँगुली मेरी ओर उठा रही थी, जो मेरा अंश होते हुए भी फ़ालिज़ मारे हुए अंग-सी मेरी नहीं थी?'

"तुम्हारा हाथ बहुत ठंडा है, हेम!"

हेमन्ती मानो सपने से जाग गई। उसका हाथ हिला नहीं, फिर भी मानो तनिक-सा काँपकर सिकुड़ गया...।

दिन बीत चला। साँझ फिर आई। ढलते सूरज की पीली, थकी किरणें उन दोनों के बीच औंधी-सी रेंगने लगीं, और वे दोनों अतीत के फ़ॉसिल में शाम के घिरते सायों में बैठे थे।

सुमेर ने अपनी आँखें खोलीं और शाम की फीकी-सी स्याही उनकी आँखों में घुलने लगी। हवा चलने से उनके शरीर के किसी भाग से शॉल उघड़ जाती, तो हेमन्ती चुपचाप शॉल ठीक कर देती।

हेमन्ती की अँगुलियाँ इतनी ठंडी क्यों हैं? उसकी साँसों का सिलसिला कभी-कभी टूट-सा क्यों जाता है और फिर मानो एक धक्का खाकर तेज़-तेज़ क्यों हो जाता है?

'हेम, तुम डरती हो? पगली कहीं की! मैं तो तुम्हारे पास हूँ, बिलकुल पास। देखो, मैं चुप हूँ, फिर भी तुम मुझे सुन रही हो। हम दोनों के बीच जो अन्तर रह गया है, दरअसल अन्तर थोड़े ही है, वह तो ऐसा अँधेरा है, जो पारदर्शी है—दो वाक्यों के बीच स्तब्ध एक विराम, जो दोनों को नया अर्थ देता है, आलोकित करता है।

'कभी-कभी मुझे ऐसा लगता है, हेम, कि जो हुआ, सो शायद ठीक ही हुआ। कुछ दिन पहले जब मैं एम्प्लॉयमेंट एक्सचेंज के दफ़्तर से वापस आया, तो मैंने तुम्हारी अम्माजी को अपने कमरे में बैठे देखा। पूछने पर मालूम हुआ, तुम कॉलेज से अभी नहीं लौटी हो। तुम तो जानती हो, अम्माजी मेरे बेकार रहने पर दुखित रहती हैं। पता नहीं, उनको कैसे याद रहता है कि जिस दिन मैं कमरे से बाहर निकलता हूँ, वह भाँप जाती हैं कि मैं पन्द्रह दिन बाद एम्प्लॉयमेंट का चक्कर लगाने गया हूँ और वापस आने पर जब वह मूक जिज्ञासा का भाव अपनी कातर दृष्टि में भरकर मेरी ओर देखती हैं, तो क्षण भर के लिए मुझे क्रोध आता है अपने पर, अम्माजी पर और जाने क्यों, तुम पर भी। फिर सब कुछ बह जाता है, घुल जाता है। मैं कहता हूँ—"अपना बस थोड़े ही है, अम्माजी। लगनी होगी तो लग जाएगी, जल्दी या देर में।"—और मैं हँस देता हूँ।

'किन्तु उस दिन मैं अम्माजी को हँसी में नहीं टाल सका। वह मेरी ओर कुछ ऐसी सन्दिग्ध दृष्टि से देखने लगीं, मानो वह हमारा सब भेद जानती हों। मानो वह मेरे और तुम्हारे रिश्ते की तह तक पहुँच जाना चाहती हों।

'"आजकल तुम्हारे पास हेमन्ती पढ़ने नहीं आती, सुमेर?" अम्माजी ने मेरे मुँह पर उठते हुए भावों को पढ़ने की चेष्टा करते हुए पूछा।

'मुझे मज़ाक़ सूझा—"ब्याह के दिनों में पढ़ना-लिखना कहाँ भाता है, अम्माजी!"

'किन्तु अम्माजी का स्वर रुआँसा हो आया—"अरे भाई, इस लड़की की लीला भगवान जाने। इधर कुछ दिनों से न जाने इसे क्या होता जा रहा है—न कुछ खाती है, न पीती है। दिन-रात बरसाती में गुमसुम-सी लेटी हुई, पता नहीं, क्या हवा में ताकती रहती है!"

'हेम, उस दिन अम्माजी की बातों से मालूम हुआ कि तुम्हारे वह, अल्मोड़ावाले, तुम्हें बहुत चाहते हैं। कहते हैं कि ब्याह के बाद भी वह

हेम को आगे पढ़ाएँगे, वह तुम्हें शहर की अन्य लड़कियों से भिन्न देखने की अभिलाषा रखते हैं। जब कभी दिल्ली आते हैं, हिन्दी और अंग्रेज़ी की पुस्तकों का गट्ठर तुम्हें भेंट कर जाते हैं?

'और, हेम, अम्माजी कहती हैं कि तुम इन मोटी-मोटी जिल्दवाली किताबों के पन्नों को इधर-उधर पलटती हुई घंटों शून्य में न जाने कहाँ खो जाती हो। ...इतना पढ़-लिखकर जो जानूँगी, सो क्या इसलिए कि मैं उनके योग्य बन सकूँ? फूहड़ हूँ अम्माजी, जीवन भर फूहड़ ही बनी रहूँगी।

'हेम, उस रात अम्माजी के जाने पर मेरे आगे उनकी डबडबाई आँखें घूमती रहीं। जाते हुए उन्होंने अपने स्वर में एक करुण अनुरोध लाकर कहा था—"तुम्हें वह बहुत मानती है, सुमेर, तुम्हीं इस लड़की को समझाओ।"

'उस रात मुझे बुख़ार आ गया और मेरे मस्तिष्क में जाने-अनजाने हज़ारों कोनों से एक सीलन-भरी उमस उमड़ने लगी। अम्माजी की डबडबाई-सी कातर आँखें, तुम्हारे उन अल्मोड़ावालों के यहाँ का सुख, सब कमरे की दीवारों को छेदते, मुझे कोसते-से, धिक्कारते-से जान पड़े। आत्म-परीक्षण की उन यंत्रणामय घड़ियों में मुझे अजब-सा डर लगने लगा—अपनी कमज़ोरी पर, निष्क्रियता पर, और एक विचार बार-बार मुझे घुन की तरह खाने लगा।

'जब मैं तुमसे नहीं मिला था, हेम, तब भी मैं था, तुम थीं, वह थे, जिनसे तुम्हारा ब्याह होने जा रहा है और जिनके सारे स्वप्न, आशाएँ तुम पर केन्द्रित हैं। हम सब साँस लेते थे, एक दिन के रहते दूसरे दिन के लिए और वैसे ही अगले आनेवाले दिन के लिए। तब मैं और तुम अजनबी से अधिक नहीं थे। फिर अकस्मात् एक दिन एक टैजेंट-सा तुम्हारी जिन्दगी के दायरे को छू गया—बिना किसी लॉजिक के, जो एक एक्सीडेंट से अधिक कुछ भी नहीं था, ज़िन्दगी के इस बैगाटेल में मेरी गोली उस छेद में जा फँसी, जिस पर तुम्हारा नाम लिखा हुआ था, और फिर जो अनुभूति जागी, उसके लिए कौन ज़िम्मेदार है—मैं, तुम या वह क्षण?

'उस क्षण मैं जान भी पाता कि तुम मंगेतर हो, तब भी क्या मैं उस अनुभूति से अपने को बचा पाता?

'किन्तु उस क्षण को लेकर जिस सुख की कल्पना तुम मुझसे करती हो, क्या वह छलना नहीं है? उसे मैं क्या पूरा कर पाऊँगा? मैं, जो साल के छह महीने बीमार रहता हूँ, और बाक़ी दिन बेकार, जो मैं एम्प्लॉयमेंट एक्सचेंज के दफ़्तर के इर्द-गिर्द भटकने में बिता देता हूँ।

'हेम, कल रात मैं इसी उधेड़-बुन में कब सो गया, नहीं जानता। कुछ देर बाद मुझे आभास हुआ कि तेज़ हवा के झोंके चल रहे हैं और रात की धुंध के दायरों से लिपटी हुई एक कोमल और स्निग्ध छाया मेरे बिस्तरे पर डाल गए हैं। हेम, एक क्षण के लिए मुझे ऐसा प्रतीत हुआ, मानो तुम तुर्गनेव की लिज़ा हो, जो वर्षों से, युगों से मेरे कमरे के बाहर अँधेरे में एक मोमबत्ती लिये खड़ी हो, जिसके स्निग्ध आलोक में तुम्हारी छाया दरवाज़े से रेंगती हुई मेरे बिस्तरे पर मूक प्रार्थना करती रही है...'

साँझ घनी हो आई। गली का लैम्प-पोस्ट बुझा-बुझा-सा जलने लगा। रस्सी पर टँगी धोती सूख गई थी और हवा चलने से गुब्बारे-सी फूल जाती थी। हेमन्ती सूखी धोती के छोर को रस्सी से खोलने लगी। किन्तु उसकी आँखें दूसरी छत पर उस धुँधले धब्बे पर सूनी-सी टिककर रह गई, जहाँ सुमेर बाबू आरामकुर्सी पर उसकी शॉल लपेटे सो गए थे। हेमन्ती ने धोती के किनारे की गाँठ खोली और फिर बाँध दी। नीचे से अम्माजी उसे बुला रही थीं।

['कहानी' : अगस्त, 1954]

थिगलियाँ

आज पढ़ाने के लिए मैं अपने डेरे से बाहर निकला, तो गुरुचरण सिंह की पत्नी अमृत कौर ने दरवाज़े पर आकर कहा था कि आज चन्दा बीबी की सालगिरह है, मैं पढ़ाने के बाद होटल न जाकर सीधे उनके डेरे चला आऊँ, मेरा रात का भोजन उन्हीं के यहाँ रहेगा। चन्दा की यह वर्षगाँठ सातवीं या नवीं थी, यह उसके बतलाने पर भी मैं भूल गया था।

क्लास लेकर जब कमरे से बाहर निकला, तो मेरा सिर झनझना रहा था। महीने का वेतन समय पर न मिलने के कारण मेरे खाने-पीने का सिलसिला कुछ अनियमित-सा हो गया था और आज तो मैंने होटल का ख़र्च बचाने के लिए बाज़ार के एक छोटे-से रेस्तराँ में चाय और एक अंडा पेट में डाल लिया था। क्लास लेते वक़्त भूख और थकान से लगातार मेरा सिर घूम रहा था। जब अन्तिम पीरियड की घंटी बजी, तो मैं सहसा क्लास में बोलते-बोलते झटके से रुक गया। वाक्य को अधूरा ही हवा में छोड़ते हुए मुस्करा दिया, पसीने को पोंछा और लड़खड़ाता हुआ क्लास रूम से बाहर निकल आया।

"कहिए, प्रोफ़ेसर साहब, क्या हालचाल हैं?"

कॉलेज की बिल्डिंग से सटे हुए नाले से तनिक हटकर मेज़ पर रखी हुई लालटेन के मद्धिम प्रकाश में शाम का अख़बार पढ़ते हुए कॉलेज के क्लर्क बुलाकीराम ने मुझे क्लास से बाहर निकलते हुए देख लिया था। मैंने चुपचाप बुलाकीराम जी के चश्मे के मोटे शीशों के पीछे उनकी भावहीन आँखों को पढ़ने का प्रयत्न किया। आज वेतन के रुपयों के सम्बन्ध में मैंने बुलाकीराम से दो-टूक फ़ैसला करने का निश्चय कर लिया था। वह या तो क़ायदे से महीने का सारा वेतन दे देंगे, या मैं उनसे अपना सारा हिसाब कराके नौकरी से इस्तीफ़ा दे दूँगा, इसके अलावा मुझे और कोई चारा नज़र नहीं आता था। आज घिसटते-घिसटते बारह तारीख़ हो गई थी और बुलाकीराम जी, जो कॉलेज के क्लर्क और मालिक दोनों ही थे, रोज़ कोई-न-कोई बहाना करके रुपये का मामला सफ़ाई से टाल देते थे।

फिर आज चन्दा बीबी की सालगिरह भी थी, और इस अवसर पर मैंने चन्दा बीबी से जो गुड़िया लाने का वायदा किया था, उसको भी मैं पूरा कर सकता था, बशर्ते कि मेरी जेब कुछ गर्म हो।

"कहिए, प्रोफ़ेसर साहब, क्या हाल है?"

इससे पेश्तर कि मैं रुपयों की बात छेड़ता, बुलाकीराम जी ने मुझे घसीटकर ज़बरदस्ती मेज़ के दूसरी ओर रखी हुई ख़ाली कुर्सी पर बिठा दिया। फिर कॉलेज के चपरासी रम्मू को मेरे लिए एक ठंडे बर्फ़ के पानी का गिलास लाने के लिए कहा और शाम के अख़बार से पंखा करते हुए कहने लगे, "रात के नौ बजने को आए, लेकिन हवा गरम लू की तरह चलती है, और फिर, प्रोफ़ेसर साहब, जब आँधी आती है, तब तो ईश्वर ही भला करे—न बाहर चैन, न अन्दर। आपके आनन्द पर्वत में तो धूल-ही-धूल उड़ती होगी, क्यों, प्रोफ़ेसर साहब!"

बुलाकीराम जी जब बोलते हैं, तो आगा-पीछा देखे बिना बोलते ही चले जाते हैं। दूसरे की बात सुनने की आदत उनकी बरसों से छूट चुकी है।

न ही वह इस बात को जानने का कष्ट करते हैं कि उनकी बातों का सुननेवाले पर क्या प्रभाव पड़ रहा है।

मैंने अपना पसीने से तर मैला रूमाल निकाला और कनपटियों के पसीने को पोंछा।

रम्मू ने पानी का गिलास मेरे हाथों में थमा दिया था। बुलाकीराम जी ने रम्मू से अपने लिए बर्फ़ से ढकी हुई कोका कोला की बोतल लाने के लिए कहा और लालटेन की बत्ती को तेज़ करके शाम का अख़बार ऐसे एकाग्रचित्त और गम्भीर होकर पढ़ने लगे, मानो उनको मेरी उपस्थिति का कोई ज्ञान ही न हो!

मैंने पसीना फिर पोंछा और धीरे-धीरे पानी पीने का प्रयत्न करने लगा। पेट ख़ाली होने के कारण दो घूँट पीते ही पानी गले में अटकने लगा। मुझे स्मरण हो आया कि आज मेरे पेट में चाय और एक अंडे के अलावा कुछ भी नहीं जा पाया है, फिर मुझे अपना किया हुआ वह इरादा याद हो आया, जिसके अनुसार या तो मैं बुलाकीराम जी से महीने का वेतन लेने में सफल होऊँगा, या नौकरी से इस्तीफ़ा दे दूँगा। मैंने पानी का गिलास मेज़ पर रख दिया और बुलाकीराम जी का ध्यान अपनी ओर आकृष्ट करने के लिए धीरे से कहा, "मैंने कहा जी, आज तो बारह तारीख़ होने को आई, बुलाकीराम जी, कुछ रुपयों का इन्तज़ाम..."

बुलाकीराम जी ने झटके से अपना मुँह अख़बार से उठा लिया, मानो वह मेरी इस बात को सुनने की प्रतीक्षा कर ही रहे हों। उन्होंने खिसियानी-सी मुस्कराहट अपने होंठों पर फैलाते हुए कहा, "हाँ, हाँ, ज़रूर। मैं तो ख़ुद ही आपसे कहनेवाला था, काम की ज़्यादती से कोई चीज़ ही याद नहीं रहती!" और हकलाते हुए उन्होंने अपना हाथ पसीने और गन्दगी से भरी उड़ी-घिसी कत्थई रंग की बास्कट में डाला और दस-दस रुपयों के पाँच नोट मेरे सामने रखते हुए कहा, "क्या कहूँ आपसे, पूरी तनख़्वाह इस महीने भी आपको नहीं दे पाएँगे। आप से तो कॉलेज की हालत छुपी है नहीं,

पिछले महीने की तरह इस महीने भी कोई नया दाख़िला नहीं हो सका है। तीन-चार लड़के बेशक इस कॉलेज को छोड़कर दूसरे कॉलेजों में चले गए हैं। प्रोफ़ेसर साहब, आप तो जानते ही हैं, कम्पीटीशन कितना ज़ोरों पर है। क़रोलबाग़ में ही दिन-दहाड़े प्राइवेट कॉलेज खुलते हैं और रातोंरात ग़ायब भी हो जाते हैं।" और अपने मज़ाक़ पर प्रसन्न होकर बुलाकीराम जी हँसने लगे।

मैंने नोटों को देखा। पूरी तनख़्वाह के रुपये न होते हुए भी इस बेरोज़गारी के ज़माने में कॉलेज में फँसाये रखने के लिए बुलाकीराम जी ने यह पचास रुपये का काफ़ी आकर्षक चारा डाला था, उसका जादू काम करने लगा। दिन में भूख और झुँझलाहट के दबाव में आकर जो इस्तीफ़ा देने का निश्चय किया था, वह कमज़ोर पड़ने लगा। जब तक चलता है, चलने दो वाली, पुरानी ज़िन्दगी में घिसटनेवाली आदत के सम्मोहन ने फिर आ दबाया और मैंने ज़िन्दगी को नये सिरे से शुरू करने के नेक इरादों को कुछ और समय के लिए पीछे धकेल दिया।

मैंने नोटों को उठाकर जेब में रख लिया। किन्तु इच्छा होते हुए भी मैं उठकर एकदम नहीं जा सका, क्योंकि बुलाकीराम जी के बोलने का सिलसिला मुझे रुपयों को स्वीकार करते देखकर और भी जोश-ख़रोश के साथ चल पड़ा। वह ग्रामोफ़ोन के रिकॉर्ड की तरह प्राइवेट कॉलेजों की फ़िलॉसफ़ी समझाने लगे, जो अरसे से प्रोफ़ेसरों को आधा-तिहाई वेतन देते-देते उन्हें बर्राक हो गई थी। किन्तु रुपयों के जेब में आते ही मेरा ध्यान बुलाकीराम जी की बातों से हटकर कहीं बहुत दूर भटक गया था। मैं दूर अजमल ख़ाँ रोड के नुक्कड़ के लैम्प-पोस्ट की फीकी रोशनी के नीचे भिनभिनाते मच्छरों की भीड़ को अन्यमनस्क-सा देख रहा था। आज डेरे से बाहर आते समय गुरुचरण सिंह की बीवी अमृत कौर ने कहा था कि आज चन्दा बीबी की सालगिरह है। चन्दा को सातवाँ या नवाँ साल लगा है, यह मैं भूल गया था, किन्तु उससे मेरे और चन्दा बीबी के रिश्ते में

कोई विशेष अन्तर नहीं पड़ता—चन्दा बीबी मेरे लिए हमेशा चन्दा बीबी रहेगी। अजमल ख़ाँ रोड पर बहुत दिन पहले खिलौनों की दुकान पर चन्दा बीबी की पसन्द की एक छोटी-सी, नन्ही-मुन्नी गुड़िया देखी थी, जिसके गोरे सुन्दर शरीर पर सलमे-सितारे जड़ी हुई नीली रेशमी पोशाक थी।

"चन्दा बीबी, अच्छा, बताओ, हम कौन हैं?"

जब मैं चुपके से पीछे से आकर उसकी आँखों को हाथों से दबाकर यह प्रश्न पूछता हूँ, तो चन्दा पहले कुछ सोचने का उपक्रम करती है, फिर खिलखिलाकर मेरे हाथों को अपने नन्हे हाथों से भींचकर कहती है, "मोने मास्टर जी।" और मेरी टाँगों से लिपटकर मुझे चिढ़ाने के लिए कहती है, "मोने मास्टर जी, तुम्हारी दाढ़ी-मूँछें रात को सोते में बिल्ली चाट गई!..."

मैं उठ खड़ा हुआ। बुलाकीराम जी के शब्द भिनभिनाते मच्छरों की तरह मेरी दिमाग़ी तसवीरों की भूल-भुलैयों में अपना रास्ता बनाते हुए कभी-कभी मेरे कानों में गिर जाते थे। मैंने बुलाकीराम जी से विदा माँगी। अपने पैंट के पॉकेट में नोटों पर प्यार से हाथ फेरा और नाले को पार करता हुआ अजमल ख़ाँ रोड की ओर चलने लगा।

जब छह-सात महीने पूर्व पहले-पहल गुरुचरण सिंह ने मुझे बताया कि चन्दा उसके भाई प्रीतम सिंह की लड़की है—और अमृत कौर रिश्ते में चन्दा की मासी लगती है, तो एकाएक मुझे विश्वास न हुआ और मैं अँधेरे में बेवक़ूफ़ की तरह गुरुचरण सिंह की ओर आश्चर्य से देखता रह गया था। मैं तो स्वाभाविक रूप से बिना किसी शक-शुबहा के समझता था कि अमृत कौर और गुरुचरण सिंह चन्दा के माँ-बाप हैं।

किन्तु उस रात भोजन करने के बाद गुरुचरण सिंह के साथ बस्ती से आगे आनन्द पर्वत के ऊँचे-नीचे विस्तीर्ण मैदान में सैर करते हुए बातों ही बातों में गुरुचरण सिंह ने मुझे जो बताया, उसे सुनकर मुझे काफ़ी आश्चर्य हुआ। चन्दा अमृत कौर की छोटी बहन देबो की लड़की थी। जब रावलपिंडी में हिन्दू-मुस्लिम झगड़े शुरू हुए, तो देबो सख़्त बीमार थी। गली में झगड़ा होने के डर से देबो को अस्पताल में दाख़िल करा दिया गया था, क्योंकि लोगों का कहना था कि उससे अधिक और कोई सुरक्षित स्थान नहीं हो सकता। और गुरुचरण सिंह ने किसी-न-किसी तरह चन्दा और अमृत कौर को अपने रिश्तेदारों के संग दिल्ली भिजवा दिया। गुरुचरण सिंह और देबो का पति देबो के लिए पीछे ही रुक गए। उसके बाद रावलपिंडी में जो कुछ हुआ, उसकी पृष्ठभूमि में अस्पताल पर हमला होना केवल एक छोटी-मोटी घटना की हैसियत से कुछ विशेष महत्त्व नहीं रखता, सिवाय इसके कि उसके बाद लाख कोशिशों के बावजूद देबो का कहीं भी पता न चल सका। आख़िर सब ओर से निराश होकर गुरुचरण सिंह लोगों की सलाह से सरकारी महकमे में भगाई हुई औरतों की सूची में देबो का नाम भी दर्ज करवा आया।

गुरुचरण सिंह अचानक चलते-चलते रुक गया। आनन्द पर्वत के टीले पर, जहाँ गुरुचरण सिंह रात के अँधेरे में धीरे-धीरे हकलाकर मुझे बात समझाने का प्रयत्न कर रहा था, उसके अचानक मौन हो जाने पर श्मशान-सी निस्तब्धता छा गई थी। मेरे मस्तिष्क में अब तक जो गुरुचरण सिंह के सुखद, सुव्यवस्थित परिवार की तसवीर थी, उसे मानो किसी अज्ञात दिशा से आकर अदृश्य दरिन्दों ने नोच लिया था।

मैंने गुरुचरण सिंह को देखा, वह शून्य, निर्जीव आँखों से अपलक दूर आनन्द पर्वत के घरों से घिरी बस्ती की रोशनियों को देख रहा था। मेरे हृदय में एक नई जिज्ञासा उत्पन्न हो आई, "और देबो का पति?" मैंने मौन तोड़ते हुए कहा।

"हाँ, क्या?" गुरुचरण सिंह मानो किसी गहरी तन्द्रा से जागा हो, "देबो का पति? वही प्रीतम सिंह, जिससे आपकी होटल में मुलाक़ात हुई थी और जिसने आपको आनन्द पर्वत में हमारे डेरे के पास ही कमरा दिलवाया, वही तो चन्दा का बाप है।" थोड़ी देर चुप रहकर गुरुचरण सिंह मानो अपने से ही बुड़बुड़ाते हुए बोलने लगा, "वह यहाँ अधिक नहीं आता-जाता, चन्दा को हमारे पास छोड़ रखा है। किशनगंज के जिस होटल में काम करता है, उसके पास ही रहने के लिए एक कोठरी किराये पर ले रखी है।" और फिर गुरुचरण सिंह ने एक सूखी-सी साँस खींचकर कहा, "मास्टर जी, प्रीतम सिंह ने तो देबो के ग़म में अपनी ज़िन्दगी तबाह कर ली है। दिन भर होटल में जानवर की तरह काम करता है, रात को ढेरों शराब पीता है और नशे में पता नहीं क्या-क्या बकता है।" गुरुचरण सिंह का कंठ भारी हो गया।

वह एक दुःस्वप्न की तरह बिना किसी तारतम्य के अपने उफनते भावों की धुँधली गहराइयों में फिसलता जा रहा था और उसके अधकचरे शब्द आनन्द पर्वत के टीलों से टकराते हुए अपने पीछे सुलगते प्रश्नचिह्न छोड़ते चले जाते थे...

चन्दा की माँ...देबो...खो गई है अपने आसपास की ज़िन्दगियों को तबाह करती हुई, कहाँ...क्यों?

कहाँ और क्यों?—मैंने इन प्रश्नों को भी जीवन के उन सब प्रश्नों के ढेर में फेंक दिया था, जिनके उत्तर देने के उत्तरदायित्व से बचने के लिए मैं दिल्ली में क़रोलबाग़ के इस एकाकी उजाड़ कोने, आनन्द पर्वत में दुनिया के झमेलों-झगड़ों से दूर अपने दिन व्यतीत कर रहा था।

गुरुचरण सिंह के परिवार की समस्याओं में मेरी दिलचस्पी, कोई इच्छा न होने पर भी, कुछ परिस्थितियों के कारण अनिवार्य-सी हो गई थी। पहले तो उन्होंने अपनी सिफ़ारिश से बिना पगड़ी के इतना सस्ता मकान दिलवाकर मुझे अपना अत्यन्त कृतज्ञ बना लिया था;

दूसरे, वह मेरे बहुत निकट के पड़ोसी भी थे, जिसके कारण दिन में उनसे दो-तीन दफ़ा मुठभेड़ हो जाना और सलाम-बन्दगी के संग हालचाल पूछना भी शिष्टाचार के नाते अत्यावश्यक था और फिर उनके परिवार की ज़िन्दगी से मेरा सम्बन्ध जोड़नेवाली सबसे मज़बूत कड़ी चन्दा थी।

उसी गली में पास-पास घर होने के कारण चन्दा प्राय: मेरे डेरे के छोटे-से कमरे में दोपहर को ख़ाली समय बिताने आ जाती थी, क्योंकि और लोगों की भाँति मुझे दिन के समय काम करने के लिए कहीं बाहर नहीं जाना पड़ता था। नौकरी ही कुछ ऐसी विचित्र मिली थी। मुझे दिन भर अपनी कोठरी में बिस्तर पर लेटकर पढ़ने या सोने के अलावा और कोई काम नहीं था। जब गली-मुहल्ले के लोग दिन भर काम करने के बाद थके-माँदे घर लौटते, तब मैं अपनी दिन की लम्बी छुट्टी समाप्त करके कॉलेज में पढ़ाने के लिए अपने डेरे से बाहर निकलता। मेरी दुनिया के इस तरह उलटी चलने के कारण गुरुचरण सिंह के परिवार के अतिरिक्त और मुहल्लेवालों से मेरी जान-पहचान नहीं के बराबर थी, और आठ-नौ महीने रहने के बाद भी मैं उस गली में एक अजनबी की हैसियत से ही ज़िन्दगी गुज़ार रहा था, जिसमें न तो कोई उतार था, न चढ़ाव, केवल एक तटस्थ भाव से घिरी स्थिरता थी।

हाँ, कभी-कभी चन्दा की मासी अमृत कौर गुरुचरण सिंह के काम पर जाने के बाद घर का काम-धन्धा निपटाकर चन्दा से कहलवा भेजती कि अगर उसके मोने मास्टर साहब किसी कार्य में व्यस्त न हों, तो आ जाएँ। और क्योंकि दोपहर के समय अक्सर मैं ख़ाली रहता था, दो क़दम चलकर मैं अमृत कौर के घर बातचीत करने चला जाता था। बात का सिलसिला कभी एक विषय पर न टिककर इधर-उधर भटकता रहता था। अधिकतर मैं अमृत कौर की बातें बिना 'हूँ-हाँ' के चुपचाप सुनता रहता था। उनकी ज़िन्दगी पर छाई दिक़्क़तों और परेशानियों को दूर करने की क्षमता न तो मुझमें थी और न ही वह मुझसे इस सम्बन्ध में कोई आशा रखते थे।

कभी-कभी वह अपनी जगह-जगह से फटी चुन्नी को सीते-सीते ऐसे प्रश्न उठाने लगती, जिनको सुनकर मैं निःशब्द-सा एकटक उसके मुँह की ओर विचलित भाव से देखता रह जाता।

"मास्टर जी, सुना है, प्रीतम सिंह बहुत शराब पीने लगा है और नशे की हालत में सरकार को गन्दी-गन्दी गालियाँ देता है? मास्टर जी, आप तो उसी होटल में खाना खाने जाते हो, उसको कुछ आप ही शिक्षा-उपदेश दिया करो। इस हालत में वह कितने दिन नौकरी पर टिका रह सकेगा?

"मास्टर जी, तुम्हारे सरदार साहब की सेहत दिन-पर-दिन गिरती जा रही है। अपने शरीर का ज़रा भी ध्यान नहीं रखते। अरे मास्टर जी, जान है तो जहान है, बीमार पड़ गए, तो मैं सोचती हूँ कि दवा-दारू की बात तो दूर रही, दो जून की सूखी रोटी का आसरा भी जाता रहेगा।

"मास्टर जी, इस दफ़ा तो चन्दा को किसी स्कूल में दाख़िल कराना ही है। दिनभर कुलाँचें मारती रहती है। एक जगह टिककर तो इससे बैठा ही नहीं जाता। जब ज़रा ग़ुस्से में होती हूँ, तो धमकी देती है कि वह घर छोड़कर मास्टर साहब के यहाँ चली जाएगी।

"और मास्टर जी..."

और फिर कभी-कभी रावलपिंडी की स्मृतियों को दोहराते हुए जब अपनी बहन देबो का प्रसंग न जाने कहाँ से उड़ता हुआ आ जाता, तो अमृत कौर का गला रुँध जाता, आँखों से आँसू उसके दुपट्टे पर टप-टप गिरने लगते और वह मुझे कमरे में अकेला छोड़कर पीछे वाले दालान में चली जाती। और ऐसे अवसर पर मैं पलंग पर बैठा-बैठा कमरे को खिड़की से बाहर ढलती धूप में नहाते आनन्द पर्वत के ऊँचे-नीचे टीलों को देखता रहता, जहाँ चन्दा अपनी सहेलियों के संग दिन भर 'चोर-चोर' खेलती।

मैं पलंग पर पाँच-सात मिनट निस्तब्ध बैठा रहता। थोड़ी देर बाद अमृत कौर रो-धोकर कमरे में फिर चुपचाप आकर अपने सीने-पिरोने का काम फिर से आरम्भ कर देती और मैं उसको कुछ धीरज बँधाने के

लिए कहता कि अख़बार में उन सब औरतों के नामों की लिस्ट आती है, जो पाकिस्तान और हिन्दुस्तान में झगड़ों के दौरान खो गई थीं और जिनका पता मिल गया है।

"सरदारनी जी," मेरे स्वर में बहुत कमज़ोर-सा आश्वासन होता, "एक-न-एक दिन चन्दा की माँ का नाम भी अख़बार की लिस्ट में आ जाएगा, फिर मैं और सरदार जी कुछ दिनों की छुट्टी लेकर उसको कैम्प से ले आएँगे।"

और यह सुनने पर अमृत कौर काढ़ना छोड़कर मेरी आँखों में कुछ ऐसी गहराई से देखती, मानो मेरे शब्दों की ईमानदारी को मेरी आँखों की तहों में खोज रही हो।

"सरदारनी जी, अगर मुझे एक अच्छी ट्यूशन मिल गई, तो चन्दा को किसी अच्छे स्कूल में दाख़िल करा देंगे। अब वह बड़ी हो गई है।" मैं बात पलटने का असफल प्रयत्न करता।

लेकिन अमृत कौर अब बुत की तरह गुमसुम हो जाती। उसके हाथ यंत्र-चालित-से सूई-धागे को लिये अपने फटे दुपट्टे पर ऊपर-नीचे होते जाते और मैं समझ लेता कि कम-से-कम उस दिन के लिए बातचीत का सिलसिला टूट गया। मैं चुपचाप थोड़ी देर तक पलंग पर बैठा रहता और फिर उठकर अपने डेरे की ओर चला जाता।

कभी-कभी दोपहरी ढलते ही चन्दा आँधी की तरह मेरे कमरे में आ धमकती। मुझे लेटा हुआ देखकर शोर मचाती और मुझे झिंझोड़कर ज़बरदस्ती पलंग पर बिठा देती। मेरी किताब को हाथ से छीनकर फेंक देती और फिर मेरे सामने बैठकर सवालों की झड़ी लगा देती :

"मोने मास्टर जी, यह बताओ, तुम्हारी दाढ़ी कौन चाट गया?"

मैं उसके इस पुराने मज़ाक़ पर हँस देता।

"अच्छा, मोने मास्टर जी, यह तो बताओ कि सब लोग दिन में काम करने बाहर जाते हैं और तुम पलंग पर दिन भर लेटे-लेटे पढ़ते रहते हो, तुम्हें कुछ काम नहीं है?"

"चन्दा बीबी, हम तो रात को काम करने बाहर जाते हैं।"

"उँह, यह भी कोई बात है!"

"हाँ, चन्दा बीबी, यही मैं भी सोचता हूँ कि यह भी कोई बात है।"

फिर चन्दा मुझे कहीं कोने से रद्दी काग़ज़ का टुकड़ा उठाकर एक ख़ूबसूरत हवाई जहाज़ बनाने का ऑर्डर देती। और जब तक मैं काग़ज़ की कतर-ब्योंत करता, चन्दा के प्रश्नों की फुलझड़ी फिर जल उठती :

"मोने मास्टर जी, तुम दिन भर लेटे-लेटे क्या पढ़ते रहते हो?" चन्दा पलंग पर चढ़कर अलमारी में रखी हुई पुस्तकों को उलटती-पुलटती हुई पूछती।

"चन्दा बीबी, हमें जो रात को पढ़ाना होता है न, उसे हमें दिन में पढ़ना पड़ता है। हम दिन में न पढ़ें, तो रात को कॉलेज में पढ़ाएँ कैसे?" मैं हवाई जहाज़ की पूँछ बनाते हुए समझाने के स्वर में कहता।

किन्तु चन्दा को शायद यह उत्तर कभी समझ में नहीं आता। उसके लिए पुस्तकें तो केवल स्कूल के बच्चों को कष्ट पहुँचाने के लिए होतीं, बड़े लोगों को उनको पढ़ने की क्या आवश्यकता? चन्दा इसी पसोपेश में पुस्तकों से खेलना छोड़ देती और पलंग से नीचे उतरकर चुपचाप बड़े ध्यान से मुझे हवाई जहाज़ बनाते हुए देखने लगती। हवाई जहाज़ के तैयार हो जाने पर चन्दा मुझे घसीटते हुए अपने घर की छत पर ले जाती, जहाँ से हम उस काग़ज़ के हवाई जहाज़ को नीले आकाश के नीचे एक फड़फड़ाती मस्ती और लचक के संग आनन्द पर्वत के ऊबड़-खाबड़ मैदान पर उतरते हुए देखते।

मैं कभी-कभी चन्दा को अपने जीवन के इतना निकट पाकर अत्यन्त उद्विग्न हो उठता। उसकी खोई हुई माँ उसकी नन्ही-सी ज़िन्दगी की एक विराट ट्रेजेडी बनकर मेरी तटस्थ और सीमित ज़िन्दगी में तीखा कड़वापन और वेदना भर जाती। किन्तु चन्दा अतीत की काली छाया से घिरी हुई भी उससे अछूती रह गई है, वह मुक्त है—अपनी खोई हुई माँ की स्मृतियों से, रावलपिंडी के नरसंहार से और रोज़ की घिसटती-टूटती शरणार्थी ज़िन्दगी के ढर्रे से। वह हँसती-खेलती और मेरे डेरे की इस चहारदीवारी की सिमटी-सहमी सीमाओं की दबी-घुटी ज़िन्दगी में सर्दी की धूप-सी गरमाहट फैला देती। और मैं सब कुछ भूलकर उसके छोटे-छोटे कन्धों को पकड़कर उसके सूखे-उलझे बालों में अपनी और अपने आसपास की ज़िन्दगी की तंग दीवारों से उठकर उसकी आँखों के मुस्कराते मुक्त आकाश में खो जाता।

सलमे-सितारों की नीली रेशमी पोशाक में शरमाई-सी लिपटी हुई गुड़िया को बक्से में लिये मैं अजमल ख़ाँ बाज़ार में एक प्याला चाय पीने के लिए किसी रेस्तराँ की तलाश में इधर-उधर फिरने लगा। बाहर भीड़ छँटने लगी थी और दुकानें एक के बाद एक बन्द होने लगी थीं और रात के धुँधलके में उन पर लगे हुए बोर्ड लावारिस-से दीख रहे थे। दिन भर की फ़ाक़ामस्ती के बावजूद भूख मिट-सी गई थी। और फिर आज तो, पता नहीं, कितनी बार अमृत कौर ने मेरे कमरे में आकर मेरे भूलने की आदत पर कटाक्ष करते हुए कहा था कि मेरा रात का भोजन उन्हीं के घर रहेगा। मुझे अमृत कौर का चेहरा स्मरण हो आया, 'हाँ जी, मास्टर जी!' उसने अपनी चुन्नी को सँभालते हुए, स्वर में संजीदगी भरते हुए मुस्कराहट से

भीगे उलाहने में कहा था, 'हाँ जी, मास्टर जी, आज कॉलेज से पढ़ाकर सीधे डेरे पर आ जाना, अपने ख़यालों की मस्ती में रोज़ की तरह होटल की ओर न चल देना! और देखना, जल्दी आना, नहीं तो चन्दा तुम्हारी बाट देखते-देखते सो जाएगी।'

रात मखमल की तरह स्निग्ध और गहरी होती गई और मैं बाज़ार से बाहर निकलकर आनन्द पर्वत की सड़क पर तेज़ी से क़दम बढ़ाने लगा। मैं शायद ज़िन्दगी के उन क्षणों से गुज़र रहा था, जो बंजर-वीरान मरुभूमि में नख़लिस्तान बन बुझी आँखों को आलोक से नहला देते हैं और रोज़मर्रा की परेशानियों के बोझे ढोता हुआ दिल भी एकबारगी अपने परों को हवा में झाड़कर गाने के लिए बेचैन हो उठता है। डेरे पर पहुँचकर एकदम ही चन्दा को गुड़िया नहीं दूँगा। धीरे-धीरे उसके पीछे जाकर झट से उसकी नन्ही-नन्ही आँखों को मूँदकर खिलखिलाकर हँसूँगा और जब वह बड़ी मुश्किल से भुनभुनाती हुई कृत्रिम रोष जतलाती हुई अपने नाख़ूनों से मेरे हाथों को काटेगी, तो अचानक सलमे-सितारों से झिलमिलाती यह सलोनी गुड़िया उसके हाथों में धर दूँगा और वह स्तब्ध भाव से मंत्र-मुग्ध-सी अपार स्नेह और कृतज्ञता से छलकती आँखों से गुड़िया को देखने लगेगी और मैं मुस्कराता हुआ उसके रूखे, धूल से सने अलकों से खेलने लगूँगा।

और मुझे ऐसा प्रतीत हुआ कि मैं अँधेरे का फ़ायदा उठाकर बिना किसी झिझक के मुस्करा रहा हूँ और पक्की सड़क पर नहीं, हवा में तैरता-सा उड़ रहा हूँ।

गुरुचरण सिंह के घर जाने से पहले मैं अपने डेरे जाकर, हाथ-मुँह धोकर, कपड़े बदलकर तनिक सुस्ता लेना चाहता था। किन्तु कमरे में पैर रखते ही शरीर पर भारी थकान-सी अनुभव होने लगी। आलस-सा आ गया और मैं बिना लालटेन जलाए अँधेरे में ही उलटे-सीधे बिस्तरे पर पाँव फैलाकर सुस्ती मिटाने लगा। कुछ देर बाद मुझे गुरुचरण के डेरे

की दिशा से कुछ शोर-शराबा और आपस में भयानक रूप से टकराती आवाज़ें आती हुई जान पड़ीं। मैं वैसे ही तटस्थ भाव से आँखें मूँदे लेटा रहा। हमारी बस्ती में नित्य-प्रति, बेनागा छोटी-छोटी-सी बात को भी लेकर लड़ाई-झगड़ा और गाली-गलौज होना साधारण-सी बात है। किन्तु धीरे-धीरे कोलाहल बढ़ता जा रहा था और फिर अचानक कई आवाज़ें एक संग रात की निस्तब्धता को चीरती हुई मेरे डेरे की कमज़ोर, पतली दीवारों को भेदने लगीं। और फिर एक स्त्री की पतली-सी चीख़ बिजली की तरह लपलपाती, तड़पती मेरे कानों को फूँकती कहीं दूर आनन्द पर्वत के वीरान कोनों में डूब गई। मुझे मानो बिजली का करंट छू गया हो! मैं झटके से हड़बड़ाकर उठ बैठा और आतंक और भय से भरी मेरी आँखें फैल-फैलकर कमरे के अन्धकार को लीलने लगीं। मेरे हृदय में कोई बराबर कह रहा था कि यह अमृत कौर का स्वर नहीं है, मुझे भ्रम हुआ है। किन्तु...अमृत कौर की चीख़...मैं हतबुद्धि-सा खड़ा रहा, फिर मेरा दिल तेज़ी से धड़कने लगा।

गुरुचरण सिंह के डेरे से सटे दालान में छोटी-सी भीड़ इकट्ठी थी। मैं तनिक आगे बढ़ा और फिर जहाँ था, वहीं पर धरती से चिपका खड़ा रहा। दालान के मैले प्रकाश में गुरुचरण सिंह एक बाँस लिये प्रेत-ग्रस्त व्यक्ति-सा कुछ अनर्गल प्रलाप करता, बुड़बुड़ाता हुआ चहलक़दमी कर रहा था। ढीले-बिखरे बालों ने उसके चेहरे को क्रूर और विकृत-सा बना दिया था। पास ही धूल में सनी जगह-जगह से फटी चुन्नी में मुँह ढाँपे अमृत कौर फफक-फफककर रो रही थी और उसकी सिसकियों में टूटते-फूटते शब्द 'हाय री मेरी देबो...हाय री देबो...हाय'...सुनाई पड़ जाते थे।

"कुतिया, चुप नहीं रहेगी, तो तेरी ज़बान काट लूँगा! बड़ी आई अपनी बहन की तरफ़दारी करने वाली! भला तुझे क्या मालूम कि वह रावलपिंडी में क्या करती है, क्या नहीं करती! फिर ज़रा-सी बात प्रीतम ने नशे की बहक में आकर कह दी, तो तुझे आग लग गई है?

बड़ी पतिबरता है न तेरी देबो!" और गुरुचरण सिंह ने बाँस को ज़मीन पर पटकते हुए एक गाली दी।

अमृत कौर की सुबकियाँ बढ़ती गईं।

"नहीं, मैं देबो पर किसी को कोई लांछन नहीं लगाने दूँगी! तुम लोग ख़ुद कमीने हो, जो चन्दा के सामने ही उसकी माँ को गालियाँ दे रहे हो...तुम्हें शर्म-हया बिलकुल छू तक नहीं गई है..."

मुझे लगा कि किसी ने मेरे हाथ को बहुत दबाकर भींच लिया है। मैंने नीचे मुँह किया, तो चन्दा का पीला, मुरझाया, भय से कातर और विवर्ण चेहरा दिखाई दिया। मैंने उसको अपने समीप समेट लिया, और मेरे गले के अन्दर एक गोला-सा अटकने लगा।

अचानक दालान के दाईं ओर कमरे के वातावरण को कँपाता हुआ कर्णभेदी अट्टहास सुनाई दिया। प्रीतम सिंह अपना पेट दोनों हाथों से दबाए लड़खड़ाते क़दमों से बड़ी कठिनता से दो-चार क़दम आगे बढ़कर दीवार के सहारे खड़ा हो गया और ज़ोर से हाँफने लगा। उसका साफ़ा ढीला होकर आधा उतर आया था और मैली सलवार का कोई ऐसा भाग न था, जो धूल और कीचड़ के धब्बों से न भरा हो। घनी-उलझी दाढ़ी के पीछे उसकी आँखें अंगारों की तरह चमक रही थीं।

"देख, भरजाई, मेरी तरफ़ देख! मैं शराब के नशे में नहीं बक रहा हूँ। तू तो अच्छी तरह जानती है कि मैं देबो को कितना चाहता था। उसके बिना पानी तक पीना हराम था। कभी देबो को मुझसे कोई शिकायत रही हो तो तू बता।"

अमृत कौर वैसे ही सुबकती रही, रोती रही। प्रीतम सिंह कुछ देर तक चुपचाप अमृत कौर की ओर अपनी बार-बार झपकती आँखों से देखता रहा, फिर उसकी दृष्टि कुछ खोजती हुई-सी चारों ओर भटकने लगी और मुझसे सटी-दुबकी चन्दा के चेहरे पर आकर सहसा रुक गई। प्रीतम सिंह के चेहरे की सूखी, खुरदरी चमड़ी पर फैली झुर्रियाँ सिमटने-सी लगीं और उसकी आँखों में स्नेह की भीगी-सी धुंध उमड़ आई।

प्रीतम सिंह लड़खड़ाता-सा आगे बढ़ा और चन्दा के सिर पर धीरे-धीरे अपना हाथ फेरने लगा।

"भरजाई, आज चन्दा की सालगिरह है। मैं आज झूठ नहीं बोलूँगा। तुझे कैसे समझाऊँ कि देबो के बिना मुझे कुछ भी नहीं सूझता! आज भी जब वह दूसरा ख़सम कर बैठी है, मुझे उसकी याद चौबीस घंटे आती है। शराब पीता हूँ, ग़म खाता हूँ। अगर रावलपिंडी ही रहकर तेरी बहन को गुलछर्रे उड़ाने थे, तो अपनी लड़की को पैदा होते ही कुएँ में क्यों नहीं फेंक दिया, साली...?" और प्रीतम सिंह ने पंजाबी में एक गन्दी गाली दी और चन्दा को एक-दो दफ़ा आगे-पीछे हिलाकर धकेल दिया।

चन्दा झटके से धक्का खाकर मुँह के बल जा गिरी और नन्ही, कच्ची साँसों को तोड़ती हुई उसकी सिसकियाँ टूटे बाँध के पानी की तरह फूट पड़ीं। कुछ लोगों ने भर्त्सना करते हुए प्रीतम सिंह के हाथों को पकड़ लिया और उसको ज़बरदस्ती पीछे घसीटने लगे। मेरा सिर बहुत ज़ोरों से चकराने लगा। मुझे कुछ भी नहीं सूझ रहा था। मानो किसी ने मुझे अचानक एक ऊँची चट्टान से नीचे, बहुत गहरी अँधेरी खाई में ढकेल दिया हो, जहाँ से लोगों की कर्कश आवाज़ें, प्रीतम सिंह के नशे की बहक में क़हक़हे, गालियाँ, अमृत कौर की चीख़ें और चन्दा बीबी की सुबकती सिसकियाँ आपस में मिलकर गर्म लावा-सी धधकती हुई मेरी आत्मा को झुलसाने लगी हों।

मैंने रोती हुई चन्दा को उठाया और उसका हाथ पकड़कर बाहर जाने के लिए पाँव उठाया ही था कि प्रीतम सिंह अपने को लोगों की गिरफ़्त से छुड़ाता हुआ मेरी ओर लपका। चन्दा मुझसे चिपट गई और मेरा दिल एकबारगी काँप उठा।

"मास्टर जी, जाने से पहले यह बताते जाओ कि कभी आपने अख़बार में भगाई हुई औरतों की लिस्ट में देबो का नाम पढ़ा है? अगर वह कैम्प में होती, तो सरकार ख़बर न करती?" प्रीतम सिंह एक क्षण

तक मेरी ओर घूरता रहा, फिर कोने में बैठी अमृत कौर की ओर इशारा करते हुए ज़ोर से चिल्लाया, "फिर अगर मैंने यह कह दिया कि देबो रावलपिंडी में किसी मुसलमान की गृहस्थी बसाकर उसके बच्चे पैदा कर रही है, तो कौन-सा गुनाह कर दिया?"

"हाय री, देबो, तू मर क्यों नहीं गई!" अमृत कौर ज़मीन पर लोटते हुए भयानक विकृत स्वर में कराह उठी और बार-बार उसी एक वाक्य को रोते हुए दोहराने लगी, "हाय री, देबो, तू मर क्यों नहीं गई! हाय री, देबो, तू मर गई होती, तो यह लांछन तो नहीं लगता! हाय री, देबो..."

मैं ठिठका-सा खड़ा रहा।

कुछ देर तक कोई कुछ भी नहीं बोला। लालटेन की मटियाली रोशनी के बुझे-बुझे अँधियारे में आँगन में बैठे व्यक्ति भुतही छायाओं-से सिमट गए। भीड़ छँट गई। कभी-कभी दूर से गीदड़ों के रिरियाने के स्वर सुनकर बस्ती के कुत्ते भौंकने लगते थे।

जब मैं चन्दा को अपने डेरे लाया, तो उसकी आँखें रोते-रोते सूज गई थीं और धूल से भरे मुँह पर आसुँओं की लकीरें पड़ी हुई थीं। मैंने उसको पलंग पर थपककर सुला दिया और सलमे-सितारों से सजी गुड़िया को उसके पास चुपचाप धीरे से लिटा दिया।

चारों ओर एक घनी शून्यता घिरने लगी, मानो मुझे लील लेना चाहती हो। मेरे अन्दर एक रीता-रीता-सा बादल घुमड़ने लगा। यह कैसी ज़िन्दगी है, जो ज़रा-सा दबाव पड़ते ही फट जाती है और जिसकी जीर्ण, उधड़ी हुई थिगलियों के असंख्य सूराख़ों से जहाँ-तहाँ लाचारी और मजबूरी फूट-फूटकर, रिस-रिसकर बहने लगती है?

बड़ी रात बीते तक मैं जागता रहा। गली के लैम्प-पोस्ट का धुँधला प्रकाश बिस्तरे पर चू रहा था और चन्दा बीबी गुड़िया को छाती में दुबकाए सोते हुए मुस्करा रही थी, मानो कोई सुन्दर सपना देख रही हो...!

['कहानी' : फ़रवरी, 1955]

रात और दिन

रात...

वह बाहर आँगन में आया। नंगे पाँव ठंडी सीमेंट पर सिकुड़ गए। दरवाज़े के कुछ आगे सहसा ठिठक गया। अधखुले दरवाज़े से प्रकाश की पतली शहतीर अँधेरे को काटती हुई आँगन से सटी दीवार पर पड़ी थी, जिस पर नीम के पत्ते बेलबूटों की तरह झूल रहे थे।

वह यहाँ इतनी रात गए क्यों खड़ा है?

पाँव झिझकते-से हिलते। एक हाथ नीचे लटका हुआ, दूसरा अँधेरे में कुछ टटोलता-सा। आँखें घूमतीं, भटकतीं उस ओर, जहाँ नल की बूँदें गिरती हैं, अँधेरी निस्तब्धता में नन्हे-नन्हे सूराख़ करते हुए—टप्, टप्, टप्...! कुछ पैरों से टकराया, कोई बर्तन...लोटा होगा, खनखनाता हुआ कुछ दूर लुढ़का। गहरी नीरवता जैसे हड़बड़ाकर उठ बैठी। कोने में दुबकी बिल्ली भी चौंकी, घबराई-सी, सरसराती-सी छाया उसके सामने से निकल गई। छत के कमरे की बत्ती जली। किसी ने ऊपर से झाँका, शायद नहीं झाँका।

"कौण ए नी?" माँ जी का झल्लाया-सा स्वर।

वह वैसे ही निश्चेष्ट खड़ा रहा। चप्पलों के घिसटने की आवाज़। प्रेमा की छाया दीवार पर खिंची प्रकाश की पतली शहतीर पर झुकी, हिली, क्षण भर से कुछ अधिक, शायद कम, खीज और थकान-भरी आधी सोई-सी प्रेमा की आवाज़, "कोई नहीं है, जी, बंगाली बाबू के आँगन में बिल्ली..."

कुछ और शब्द पीछे धीमे पड़ते हुए, जो वह सुन नहीं सका, किन्तु समझ गया। वह साँस रोके खड़ा रहा, मानो चोरी करता हुआ पकड़ लिया गया हो...

क्या प्रेमा ने उसे देखा था?

आकाश गली की छतों के ऊपर, नीम के पेड़ की ओट में घिरता, सिमटता, फैलता...दूर-दूर तक फैलता जाता आकाश...जैसे आज भी कमरे में माशी माँ सो रही हो और वह छिपकर बाहर निकल आया हो, मेघना नदी पर मछली पकड़ने, जो बाढ़ के दिनों में खेतों तक बढ़ आती थी...आज माशी माँ को वह कितना पीछे छोड़ आया है। और लगता ऐसे है, जैसे इतना लम्बा अरसा महज़ एक धुँधली-सी फिसलन हो, जहाँ से लुढ़कता-घिसटता वह आज रात अचानक यहाँ तक आन पहुँचा हो...

कहाँ तक?

वह अँधेरे में इस तरह कब तक खड़ा रहेगा? चौकीदार ने आवाज़ लगाई—कड़ी, कर्कश, छाती के अन्दर किसी गहरे खोखल में फटती हुई, जिससे गली में जाड़े के कुहरे में ऊँघता अँधेरा भी सिहर जाता है। जब वह स्कूल मास्टर बनकर पहले-पहल इस शहर में आया था, तो चौकीदार की यह चीख़ें बड़ी भयंकर लगती थीं। फिर कुत्तों का एक संग भौंकना...मुहल्ले की गली से आगे मेन रोड पर रात की आख़िरी बस का हॉर्न...नींद की घुमेरी...कुछ नहीं, फिर...घनी, घुटती-सी चुप्पी और...

वह यहाँ क्यों खड़ा है?

दिन और दिनों की तरह सुबह से ही शुरू हुआ था, और सुबह ख़ाली पन्ने की तरह ख़ाली पड़ी थी...

"बंगाली बाबू, बंगाली बाबू?"

दरवाज़ा खुला था। प्रेमा की माँ चौखट पर खड़ी हाँफ रही थी। हरीन ने जल्दी से घुटनों तक चढ़ आई धोती को नीचे खींचकर नंगी टाँगों को छिपा लिया। जिस ईंट से चप्पल में निकली हुई कील को ठोंक रहा था, वह उसके हाथ में लटकी-सी रह गई। दूसरा हाथ चप्पल से बँधा हुआ था, इसलिए माथे पर बिखरे बालों को कुहनी से ही समेट लिया।

"बैठो, माँ जी," उसने चप्पल और ईंट को कोने में फेंक दिया, पलंग के कोने पर लटके हुए तकिये को सीधा किया और कम्बल ठीक से तहाकर बिछा दिया।

"अरे, मैं तो ज़रा नीचे उतर रही थी, सो यह खट-खट की आवाज़ सुनाई दी। क्यों, आज छुट्टी है?"

उत्तर की कोई अपेक्षा न करते हुए वह फिर बोल उठी, "प्रेमा को कल सोते-सोते कह दिया था कि मुझे सुबह जगा लियो। वह तो मेरी आँख खुल गई...उसके सहारे बैठी रहती, तो बस..."

"कहाँ इतनी जल्दी में हो, माँ जी? कुछ देर के लिए बैठो न!"

"सो तो बैठती, भय्या। लेकिन धरम के काम में विलम्ब होना ठीक नहीं। रामरतन की बहू ने मन्दिर में सत्त नारायण की कथा बिठवाई है..."

उसे मालूम था, यह अन्दर नहीं आएगी। आज की बात थोड़े ही है, पहले ही दिन से वह उसके कमरे की चौखट पर खड़े-खड़े दरवाज़े का सहारा लिये उससे बातचीत करती थी। पंजाबिन होने पर भी, न जाने क्यों, औरों की तरह उसने जात-पाँत, छुआछूत के भेदभाव को बिलकुल नहीं मिटा दिया था। पहले दिन जब वह इस कमरे को किराये पर लेने प्रेमा की माँ से मिला था—मिला कहाँ था, वह तो रसोई में बैठे-बैठे प्रेमा के माध्यम से उससे रुपये-पैसे का मामला तय कर रही थी...तब उसने सुना, माँ दबे स्वर में पूछ रही है, "पूछ तो सही, कौन है?"

और प्रेमा ने ठहाका मारकर हँसते हुए कहा था, "माँ जी, यह बंगाली हैं और सब बंगाली ब्राह्मण होते हैं।"

उस दिन की बात आई-गई हो गई, यद्यपि माँ जी का सन्देह शायद अब तक बना हुआ है।

किन्तु कभी-कभी वह सोचता है, प्रेमा ने ऐसा क्यों कहा? यदि जान-बूझकर झूठ बोली थी, तो...तो भला क्यों?

"छि:-छि:! पूरा कलयुग आ गया है। सुना नहीं तुमने, बंगाली बाबू, कल रात दोनों बच्चों ने आसमान सिर पर उठा लिया? मुई आया के पास छोड़कर दोनों क्लिब में नाचते हैं, दया-धरम तो छू तक नहीं गया है..."

"कौन, माँ जी?"

"अरे, वही फ़ौजी, और कौन!"

"माँ जी, ऐसे ही चलता है," उसने बात पलटने की ग़रज़ से कह दिया, नहीं तो शायद कैप्टन भंडारी के बारे में वह सब कहने लगती, जो वह कई दफ़ा कुछ हेर-फेर के संग उससे सुन चुका था।

कैप्टन भंडारी का दुमंज़िला फ़्लैट उनके घर के पीछे वाले स्क्वॉयर पर मुहल्ले से तनिक हटकर बना था। कभी-कभी छुट्टीवाले दिन रात के समय उनके घर से आता हुआ ग्रामोफ़ोन पर संगीत, अंग्रेज़ी गानों का स्वर हरीन को देर तक सुनाई देता रहता है।

माँ का मन बुरा नहीं है। ऊपर कमरे में अकेले बैठे-बैठे प्रेमा पर चौबीस घंटों पहरा देने के काम से जब कभी जी उचट जाता, तो उससे दो-चार बातें और मुहल्ले की उड़ती हुई ख़बरों पर टीका-टिप्पणी करने से उसका दिल बहल जाता है, इसलिए नहीं कि उससे बातें करना उसको भाता है। वह तो अकेले में भी अपने-आपसे देर तक बातें कर सकती है। उसने उसे घर से बहुत कम बाहर निकलते देखा था। स्वभाव से बहुत मिलनसार होने पर भी वह शायद शरीर से लाचार है।

किन्तु क्या इसका कोई और भी कारण है? क्या प्रेमा को कमरे में अकेला छोड़ने में माँ घबराती है? जब छह महीने पहले वह इस मकान में आया था, वह प्रेमा को एक पोटली में कुछ कपड़े बाँधकर, गली के नुक्कड़वाले सिलाई के स्कूल जाते देखता था। किन्तु पिछले दो-तीन महीनों से ऐसा कुछ नहीं होता। माँ से बातें करते हुए एक दिन विदित हुआ कि प्रेमा को सिलाई के स्कूल से छुड़वा दिया है। और चाहकर भी वह आगे कुछ न पूछ सका।

"अजी, बंगाली बाबू, कुछ सुना तुमने?"

"क्या हुआ, माँ जी?"

माँ जी की बात जाने कहाँ से कहाँ तक पहुँच गई, "अजी, तुम्हें मालूम कैसे हो? अलग-थलग कमरे में घुसे रहते हो, सो बात यह हुई कि कल नित्तो ने अपनी माँ की बाँह ही चबा डाली। आज बेचारी को कमरे में बन्द कर रखा है। रात-भर पता नहीं क्या अंटसंट बकती रही। इस उमर में बेचारी की तकदीर..."

प्रेमा की माँ ज़ीना उतरती जाती है और बोलती जा रही है। और नीचे की सीढ़ी पर साँस लेते हुए उसने फिर चिल्लाकर कहा, "मन्दिर में ज़रा देर हो जाए...ज़रा देखते रहना।"

वह माँ जी का मतलब समझ गया। और वहीं चौखट पर चुपचाप खड़ा रहा। उस पर माँ जी क्यों विश्वास करती है?

क्या ऊपर प्रेमा अभी तक सो रही है?

नित्तो...

पूरा नाम क्या होगा? होगा कुछ। फ़िज़ूल की बात, जिसके कुछ मानी नहीं। मानी?...गोल-सुडौल चेहरे पर फटी-फटी-सी आँखें, जो घंटों खिड़की से झाँकती हैं! यूँ ही गली की ओर ताकती रहना, सब कुछ देखना और फिर भी कुछ न देख पाना, और गली में चलते-फिरते आदमियों को देखकर हँस देना, कुछ अनर्गल प्रलाप, कोई अर्थ ढूँढ़ता-सा संकेत, और बराबर लगातार हँसते जाना...

इस सबके मानी क्या?

हरीन आगे कॉपियाँ नहीं जाँच सका।...कुछ धुँधला-सा दीखता है। लगता है, कहीं अन्दर एक सूखे, भारी-से बासीपन की-सी पपड़ी जम गई है—कड़वी नहीं, कोई दुख लिये नहीं, महज़ बदरंग कसैलापन, जैसे बुख़ार के बाद मुँह का अजीब-सा स्वाद।

इस दीवार से उस दीवार तक तीन क़दम, आराम से धीरे-धीरे चलो, तो तीन से कुछ ज़्यादा, किन्तु चार से फिर भी कम, हमेशा ही कम। आगे चलो, तो दीवार से उठा-उठा फटा-पुराना कैलेंडर, जिसकी कील पर टँगा हुआ माशी माँ का फ़ोटो, जो समय के संग ज़र्द और मैला पड़ गया है। ऐसा प्रतीत होता है कि माशी माँ उसको नहीं देखती, जैसा कि आज है, बल्कि वर्षों पहले का हरीन, जिसको वह छाती से चिपकाकर सोया करती थी।...जैसे फ़ोटो की माशी माँ की पीली दृष्टि में सहसा उसका समूचा अतीत-बचपन एक क्षण के लिए ठिठका रह गया हो, समय के उलझे धागों में स्तब्ध, शाश्वत...

ज़रा पीछे मुड़ो, तो अधखुली खिड़की के उठते-गिरते पर्दे के पीछे मुहल्ले के मकानों की एक-दूसरे से सटी छतें और चिमनियाँ, जहाँ से दोपहर के इस समय धुआँ निकलता हुआ प्रत्येक मकान के सामने ठहरता, लड़खड़ाता गली के एक सिरे से दूसरे सिरे तक मैली चादर-सा लटका रह गया है। फेरीवालों की चीख़-चिल्लाहट मन्द पड़ती हुई गली में एक उनींदी-सी शून्यता फैलाने लगी है।

आँगन में नल की मोटी-सी धार में प्रेमा के गीले हाथ...चूड़ियों की धीमी-सी खन-खन, थोड़ी-थोड़ी देर बाद नंगे फ़र्श पर पानी गिरने की आवाज़...अब शायद प्रेमा कपड़ों को निचोड़ने लगी है। नल कभी खुलता है, कभी बन्द होता है।...चूड़ियों पर झूलती हुई बूँदें!

हरीन की पेंसिल 'कम्पोजीशन' की कॉपी पर अंग्रेज़ी के एक ग़लत 'स्पेलिंग' को ठीक करते-करते ठिठक गई और फिर वैसे ही ऊबे, अनमने भाव से हाशिये की बाईं ओर ख़ाली स्थान पर बेडौल बेढंगे चेहरे खींचने लगी।

पहले प्रेमा उसके कमरे के सामने से गुज़रते हुए झिझकती थी और उसके बाहर जाने पर ही कपड़े धोने नीचे उतरा करती थी। किस घड़ी यह दुराव मिट गया, शायद हरीन न बता सके। किन्तु जब से माँ घर-गृहस्थी की समस्याओं में उसे अपना साझी बनाने लगी है और वह सहारा देकर उसे ऊपर तक सीढ़ियाँ चढ़ा आता है, तब से उसकी प्रेमा से मुठभेड़ अक्सर हो जाती है और वह उससे इधर-उधर की दो-चार उड़ती-उड़ती-सी बातें कर लेता है।

पर...कभी-कभार प्रेमा को कुछ-न-कुछ काम उससे अवश्य निकल आता—ऐसे दिन, जब माँ बाहर गई होती, या उसे छुट्टी होती, या फिर कपड़े धोकर ऊपर जाने से पहले कुछ क्षणों के लिए कहानी की कोई पुस्तक या पेन में भरने के लिए स्याही, या फिर अख़बार की ख़बरों की पूछताछ, कठिन शब्दों के अर्थ...

"इस कार्टून के क्या मानी?"

"यह तो ऐसे ही 'पोलिटिकल' है, कोई ख़ास बात नहीं है।"

"हूँ...जैसे मुझे समझ में नहीं आएगा!...बंगाली बाबू, तुम भी बस..." कृत्रिम क्रोध से माथे पर छोटे-छोटे बल पड़ जाते, नथुने फूल जाते।

हरीन धीरे से मुस्कराकर कह देता, "लामासिप्पी!"

वह हँस पड़ती और फिर अपने पर ही ग़ुस्सा हो जाती। क्यों नहीं वह लाख कोशिश करने पर भी अपनी हँसी रोक पाती?

"न, लामासिप्पी नहीं..."

"क्यों नहीं? जब मुँह बनाती हो, पूरी लामासिप्पी दिखती हो।"

"अच्छा, बंगाली बाबू, क्या सचमुच लामासिप्पी बच्चों को थैले में बन्द करके ले जाती है?...हाय री माँ, क्या सचमुच?" कौतूहल और विस्मय के बीच में दबा-दबा-सा डर।

और कभी-कभी हरीन को लगता है, जैसे प्रेमा बन-बनकर बातें कर रही हो, इसलिए नहीं कि यह उसका स्वभाव है, बल्कि इसलिए कि शायद इस तरह बनने से ही बातों का सिलसिला ख़ुद-ब-ख़ुद बनता जाता है, कुछ और देर समय बिना काटे कट जाता है, कुछ और देर तक ऊपरवाले कमरे की सीलन-भरी घुटन से छुटकारा मिल जाता है।

यह नहीं कि प्रेमा कुछ जानती नहीं। जितनी उम्र उसकी हो आई है, उस लिहाज़ से तो माँ को अब तक उसके हाथ पीले कर देने चाहिए थे। मुहल्लेवालों में प्राय: खुसुर-फुसुर हुआ करती है, कि प्रेमा के लच्छन अच्छे नहीं हैं, तभी तो कुड़माई दो बार पक्की होकर टूट गई...जो माँ जी की हवेली देखकर कुछ लालच में आ भी जाते हैं, वे लड़की के रंग-ढंग और चाल-चलन को देखकर पीछे हट जाते हैं। कभी-कभी यह सोचकर हरीन का दिल भी ज़ोर-ज़ोर से धड़कने लगता है। तब वैसे निश्छल, सहज भाव से हँस-बोल नहीं पाता...क्या उसके दिल में भी पाप है, जो कहीं जमा-सा रह गया है, जो बह नहीं पाता?

सहसा आँगन में नल से गिरती हुई मोटी धार का स्वर बन्द हो गया और दुपहर की जड़वत् निस्तब्धता मानो बाँध तोड़कर मुहल्ले से उठती हुई सभी मकानों को अपने सैलाब में घुटाने लगी। खाने की तबीयत कुछ बन नहीं पा रही थी। जो रही-सही भूख थी, सुबह से बैठे-बैठे आलस ने उसे आ दबाया था। किन्तु फिर भी हरीन ने नल को बन्द होता सुनकर चाय के लिए स्टोव पर दो कटोरियाँ पानी रखकर स्विच दबा दिया था।

बाहर मोटर गैराज के अन्दर सुखिया धोबिन एक हाथ से कपड़े प्रेस करते हुए दो महीने की मुनिया को दूध पिलाने लगी। गली के बीच में दो साधुओं के पीछे लड़के शोर मचाते हुए भाग रहे थे। और मकानों के सामने धूप सेंकती हुई औरतें एक-दूसरे से सटी हुई खाट पर खड़ी होकर उचक-उचक भीड़ का तमाशा देख रही थीं। और हरीन को लगा कि दो बातें बिलकुल चुपके से एक संग हो गई हैं। दो मकानों को छोड़ कूड़े के ढेर के पास रम्मू तमोली की पान की दुकान की ऊपरवाली मंज़िल से, जहाँ 'आदर्श संगीत विद्यालय' का रंग उड़ा हुआ, बरसों पुराना, जीर्ण बोर्ड टँगा हुआ है, हारमोनियम और तबले का स्वर आने लगा और फिर उसी क्षण नित्तो की खिड़की, जो अब तक बन्द पड़ी थी, एक भारी झटके से खुल गई। दोनों में मानो एक मूक समझौता हो, एक अदृश्य सम्बन्ध!

हरीन ने देखा, नित्तो की फटी-फटी-सी आँखों में और दिनों की अपेक्षा अधिक गहरी सुर्खी है, छोटे-से माथे पर बिखरे बाल सूखे लटों से झूल आए हैं...क्या वह उसकी ओर देख रही है, या उस बिजली के खम्भे की ओर, जहाँ दवाई का कोई पोस्टर आधा चिपका हुआ, आधा हवा में फड़फड़ा उठता है?...न...उसे लगता है, नित्तो की आँखें बिलकुल मोनालिसा की तरह हैं। उसी की-सी स्मित हास की मुद्रा और आँखें, जो जहाँ देखती हैं, उनका कोई लक्ष्य नहीं; जहाँ नहीं देखतीं, उसको भी अपने में घेरती-सी दृष्टि, जो अपने में बाँधते हुए सबको मुक्त छोड़ जाती है।

'घिर आए रे बदरवा...' हारमोनियम का स्वर, पहले धीमे-धीमे चिकों के भीतर-ही-भीतर घुटा हुआ-सा, फिर बाहर झिझकता, गली की ऊबड़-खाबड़ आवाज़ों को छूता और फिर भी बच जाता अपनी एक छोटी-सी पगडंडी बनाता हुआ एक महीन शरमाया-सा स्वर—'सावन के...मन भावन के...'

और हरीन को याद आती है एक बहुत धुँधली-सी तसवीर...मेघना का अपार जल, बीच-बीच में किसी अज्ञात कोने से निकले हुए द्वीप... माशी माँ की आँख बचाकर खेतों की मेंड़ों पर भागता हुआ, झाड़ियों के झुरमुटों में उलझता, गिरता-पड़ता, नदी के किनारे-किनारे। मेघाच्छन्न आकाश, आज रात को झड़ आने पर सूखे आम गिरेंगे...यदि माशी माँ आज जीवित होती...गाँव से नौकरी ढूँढ़ने जब वह चलने लगा था, तो माशी माँ अपने आँचल को उसके सिर पर रखकर काली माँ के सामने कितनी देर तक प्रार्थना करते हुए रोती रही थी। और तब उसे बहुत बुरा-सा लगा था।

"माशी माँ, तुम तो व्यर्थ ही चिन्ता करती हो। नौकरी करने सब बाहर जाते हैं। मैं अब बच्चा थोड़े ही हूँ!"

"हट, रे, हट!" माशी माँ ने दुलार और स्नेह से उसके सिर पर अपना झुर्रियों-भरा चेहरा छिपा लिया था, "और लड़के तेरे-जैसे निरे बुद्धू थोड़े ही होते हैं। दसवें बरस तक तू अपनी माशी माँ की छाती से चिपटकर सोया करता था...सारे गाँववाले मेरी हँसी उड़ाते थे..."

तब माशी माँ को कौन कहता कि बरसों बाद दूर उत्तर के शहर में वह बिलकुल पराये, अनजाने लोगों के बीच हाईस्कूल की मास्टरी करेगा, जहाँ अपने को 'बंगाली बाबू' सुनता-सुनता वह अपना नाम भी भूल गया है।

'घिर आए रे...आए रे...बदरवा...'

हरीन सोता-ऊँघता-सा जाग गया।

स्टोव में पानी उबलने लगा था।

हरीन ने रूमाल से छोटे-से पतीले को स्टोव से उतारा। किन्तु टेबल पर रखते-रखते उसका हाथ क्षण-भर के लिए काँप गया और दो-चार जलती हुई बूँदें उसकी अँगुलियों पर छिटक आईं।

कमरे में प्रेमा के आने की आहट उसी क्षण उसे छू गई थी। हमेशा ही एक अजीब-सी लापरवाही में भरे चप्पलों को घसीटते हुए पाँवों की आहट, जो वह पहचान गया है। दिन में कई बार सीढ़ियों पर से चढ़ते-उतरते, आँगन में आते-जाते कमरे में बैठा हुआ वह उन्हें बराबर सुनता रहा है...

"माँ जी अभी तक नहीं आईं।"

उसने सुना और रूमाल से हाथ पर छिटक आई बूँदों को पोंछ दिया।

"क्यों? क्या अभी कथा से वापस नहीं लौटीं?"

दोनों की ही बातें फ़िज़ूल, निरुद्देश्य थीं।

और जब बात आगे न बढ़ी, तो उसने कुछ मुड़कर कनखियों से प्रेमा को देखा। जब से माँ ने प्रेमा को सिलाई के स्कूल से छुड़वाया है, वह इतनी गुमसुम-सी क्यों रहने लगी है? कपड़े धोने से प्रेमा के मुँह पर रक्तिमा का हल्का फीका-सा शेड झुक आया था। लापरवाही से बाँधा हुआ जूड़ा मानो अपने प्रति उपेक्षा का प्रतिकार करने आधा खुलकर कन्धे पर झूल गया था। क़मीज़ की बाँहें, जो पानी से बचाने के लिए ऊपर मोड़ दी गई थीं, उन्हें फिर खोलना शायद प्रेमा को कभी याद नहीं रहता। वे वैसे ही कुहनी के तनिक ऊपर मुड़ी हुई सदा नीचे की ओर झुकी रहती हैं, फिसलते हुए भी नीचे नहीं गिरतीं।

"आज माँ जी को उठा भी नहीं पाई। बाद में याद आया, तो वह कब की जा चुकी थीं।"

हरीन हँसने लगा, "तुम्हारे लिए तो सोना भी बड़ा काम है, वह ही कर लेती हो, क्या कुछ कम है?"

और उसको लगा कि उसने पहले भी किसी दिन ऐसा ही कहा था, तब प्रेमा बिगड़ी थी, विरोध किया था, बदले में उसे चिढ़ाया था। आज प्रेमा ने कुछ नहीं कहा, सिर्फ़ मुँह से ही हँसती हुई उसे दोनों प्यालों में चाय उड़ेलता हुआ देखती रही।

जिसे हम 'एटीकेट' कहते हैं, वह प्रेमा को छू तक नहीं गया है। हरीन अलमारी से दो प्याले निकालता है, चीनी के डिब्बे को ढूँढ़ता हुआ परेशान हो जाता है। और प्रेमा टस-से-मस नहीं होती। मोढ़े पर बैठे हुए हाथ पर हाथ धरे हरीन को देखती रहना, कुछ ग़लती हो जाने पर हँस देना...और हरीन को उन आँखों का गहरा दबाव अपने अंग-प्रत्यंग को भींचता-सा जान पड़ता है, टूटा-टूटा-सा कसमसाता हुआ स्पन्दन...अजीब-सी घबराहट।

ऐसा क्यों होता है?

बाहर धूप मटियाली-सी हो आई है और, पता नहीं कैसे, कभी-कभी गली की आवाज़ें बन्द हो जाती हैं और एक घुटा-घुटा-सा सन्नाटा फैल जाता है। किन्तु केवल कुछ देर के लिए, फिर वही, सब कुछ वैसा ही।

"रात को आपके कमरे की बत्ती बहुत देर तक जलती रही थी।"

हरीन एकदम चौंक गया, "तुम्हें कैसे मालूम?"

"क्यों, ग़लत कहती हूँ?"

"फिर भी, तुमने कैसे जाना?"

"रात को बहुत देर तक सोई नहीं।"

"क्यों? तुम्हें तो सोना बहुत भाता है!"

"भाता है, लेकिन नींद नहीं आती।"

हरीन ने देखा, प्रेमा के मुँह पर संजीदगी बिलकुल नहीं है। उसने पहले भी कभी देखी हो, याद नहीं पड़ता। किन्तु चेहरे पर जो भाव अंकित हैं, उसका मानो प्रेमा के अन्तर् से कोई सम्बन्ध नहीं, जो तब भी रहता है, जब प्रेमा बिना बात बेकार हँसती है, बन-बनकर बातें करती है—एक रुखाई से भरी तटस्थता, सम्मुख रहनेवाले क्षण के प्रति घोर उदासीनता।

"न, न, न, दूध मैं ही डालूँगी!"

हरीन का हाथ रुक गया। वह आज भूल कैसे गया? प्रेमा चाय बनाने में कितना ही आलसी क्यों न हो, दूध वह स्वयं ही डालती है। प्रेमा उठी, चप्पलों को घसीटते हुए टेबल के पास आई, जहाँ वह खड़ा था। फिर क्षण-भर के लिए सिर झुका, उसके बिलकुल मुँह के नीचे, ढीले जूड़े से छितरे सूखे, भूरे बाल, अपलक अनझिप दृष्टि पर फैलता-बिखरता कच्चा-सा अशरीरी गन्ध का ज्वार, एक क्षण से बिंधा आधी साँस की छाया में काँपता...

'घिर आए रे बदरवा...' हारमोनियम के डूबते-भींगते कछारों पर उठता-गिरता स्वर कभी एकदम मन्द और फिर मानो सोया-सा अचानक जागकर तेज़ी से झल्लाया-सा बहने लगा है।

एक घूँट, दो, तीन और फिर एक और लम्बा-सा घूँट...और उसके बाद प्रेमा ख़ाली प्याला मेज़ पर रखकर चली जाएगी।

"किताब जो ले गई थी, सो कैसी लगी?"

"कौन-सी किताब?" प्रेमा ने तनिक धीमा-सा झटका देकर सिर उठाया।

उसने देखा, प्रेमा की दाईं आँख के नीचे छोटे-से गड्ढे पर बिन्दी-जितने तिल पर हल्का-सा पसीना। प्रेमा के चाय पीते समय अक्सर उसने ऐसा देखा है और हमेशा उसे लगता है कि पसीने में चमकता तिल अब घुल के बह जाएगा।

"वही टैगोर की शॉर्ट स्टोरीज़...नाम भी तुम्हें याद नहीं रहता?"

प्रेमा की भौंहें कुछ ऊपर चढ़ गईं। दो अस्पष्ट-सी उभरती हुई रेखाएँ, जो जब कभी प्रेमा सोचने का उपक्रम करती है, तनिक गहरी होकर माथे के बीचोबीच एक-दूसरे को काटती हुई सिमट जाती हैं।

"कहाँ? मैं तो उसे जाने कहाँ रखकर भूल गई!" एक लापरवाही से भरी हँसी, बस।

यह कैसा भाव है? भूला-भटका-सा, उड़ता-उड़ता, अतल अनास्था के सिफर बनाता हुआ...जैसे लेवेल क्रॉसिंग पर दोनों ओर प्रतीक्षारत खड़े

व्यक्तियों का उपहास उड़ाती हुई ट्रेन की एक झलक...और फिर जैसे कुछ हुआ ही न हो, आकाश में विलीन होती धुएँ की लकीर...और बस।

हरीन ने खीजे हुए स्वर में कहा, "तुम...तुम सचमुच पूरी लामासिप्पी हो!"

"अच्छा! क्या सचमुच?"

प्रेमा हँसती रही और कप उसके हाथों में काँपता रहा।

हरीन के मस्तिष्क में, पता नहीं किस कोने से, यह विचार उमड़ आया, माशी माँ प्रेमा को देखती, तो क्या कहती? बंगालिन जैसी साड़ी नहीं पहनती, सिर पर आँचल भी नहीं डालती, माथे पर बिन्दी नहीं, हाथ ख़ाली-ख़ाली...दुपट्टा डालने का भी सलीका नहीं, यूँ ही गले में मफ़लर की तरह लपेट लिया है...

प्रेमा ठठाकर हँस दी, "यह क्या कीड़े-मकोड़े बनाए हैं?" प्रेमा कम्पोजीशन की कॉपी हाथ में लिये हँस रही थी।

"लाओ, मुझे दो।"

"न!" प्रेमा ने कॉपी को पीछे छिपा लिया।

"दो, भई!"

"न!" प्रेमा हँसती जा रही थी।

"यह क्या फ़िज़ूल की बात?"

"अच्छा, बंगाली बाबू, ठीक बात कौन-सी होती है?" और अचानक प्रेमा हँसते-हँसते रुक गई।

माँ जी के धीरे-धीरे चढ़ने की पदचाप वह भी सुनता है। प्रेमा ने कॉपी को वहीं छोड़ दिया। कप को मेज़ पर थमाते हुए 'अच्छा, चलती हूँ' कह, दुपट्टे को सँभालते हुए, चप्पलों को घसीटते हुए...

हरीन ने मेज़ पर रखे चाय के कप को देखा, प्रेमा ने आख़िरी घूँट नहीं पिया था।

'सावन के...

मन भावन के...घिर आए रे बदरवा...'

थका-थका-सा स्वर गली की आवाज़ों को काटता हुआ रम्मू तमोली की दुकान के ऊपरवाले कमरे की चिकों के पीछे से अब भी आ रहा था।

फ़रवरी के अन्तिम दिनों की बुझी-बुझी-सी साँझ। गली के लैम्प-पोस्ट पर इकट्ठा होती हुई नीली-सी धुंध, मुहल्ले के मकानों की छतें, दीवारें सोने की पिघलती हुई पीली धूप में धुँधली पड़ती जाती हैं।

नीचे भीड़ का कोलाहल, भाग-दौड़, फेरीवालों की एक-दूसरे से गुँथी कर्कश आवाज़ें, कच्ची सड़क पर रेढ़ियों के पहियों से उठी धूल की मटियाली तहें गली में फैलती जाती हैं। मकानों के सामने से चारपाइयों को उठाया जा रहा है, जिन पर बैठे-बैठे दिन भर गली की औरतों ने धूप सेंकी थी।

हरीन ने देखा, नित्तो के कमरे की खिड़की बन्द थी, जिसका शीशा धूप में झिलमिला उठता था।

गली के एक मकान को दूसरे मकान से जकड़नेवाली मोटी लोहे की पाइयों पर बँधी सलवारें, साड़ियाँ सूख गई हैं, और हवा चलने से फड़फड़ाने लगती हैं।

हरीन को लगा कि इस घड़ी प्रेमा की हँसी, माशी माँ की स्मृति, नित्तो की फटी-फटी आँखें मानो एक-एक करके अपना अर्थ खोती जा रही हैं, मानो सब कुछ कहीं कमरे की प्रतिक्षण गाढ़ी होती अँधेरी निस्तब्धता में ओझल-सा हो गया है। बची रह गई है महज़ ड्रामे के प्रॉम्पटर-सी घड़ी की यह टिक-टिक, आसपास के घिरे कुहासे को छीलती, डायल पर जमी समय की रेती पर पद-चिह्न बनाती-मिटाती, स्वयं मिटती हुई।

कैप्टन भंडारी की कॉन्वेंट में पढ़नेवाली लड़कियाँ अपनी सहेलियों के संग फ़्लैट के सामने छोटे-से लॉन पर रोज़ की तरह खेल रही हैं।

हरीन ने देखा, सामने ताक पर रखे हुए आईने पर फ़रवरी की मुरझाई पीली धूप का एक धुँधला-सा धब्बा आ गया है, जहाँ से एक अजीब-सा चेहरा (क्या यह उसका चेहरा है?) उसकी ओर झाँक रहा है, कनपटियों पर तीन-चार बाल सफ़ेद-से हो चले हैं। (क्या यह उसके बाल हैं?) और पूछ रहा है कुछ, जिसका स्वर दीवारों से टकराता हुआ बराबर गूँज रहा है।

वह ढाबे से कुछ खाकर लौटा है।

ज़ीने पर दो-तीन सीढ़ियाँ चढ़कर वह ठिठक गया। ऊपर घुप्प-अँधेरा है। माँ जी के चौके की रोशनी, जिसका कटा-फटा-सा भाग आधा दीवार पर, आधा सीढ़ियों पर गिरता है, अभी तक बन्द है। दीवार के सहारे सरकता, सीढ़ियों को टटोलता हुआ वह ऊपर चढ़ता गया। अधखुले दरवाज़े को देखकर सन्देह-सा हुआ। बत्ती जलाई, तो हतबुद्धि-सा काठ की तरह वहीं खड़ा रह गया। कमरे के कोने में माँ जी दुबकी-सी बैठी है—माँ जी, जो उसके कमरे की चौखट के अन्दर एक क़दम भी रखने से कतराती है!

"तुम आ गए?"

वह सँभला, स्वर को संयत किया और ज़बरदस्ती होंठों पर मुस्कराहट खींचते हुए बोला, "माँ जी, बत्ती जला ली होती, अँधेरे में क्यों बैठी हैं? क्या बहुत देर से..."

"नहीं," वह इसके आगे क्या बोले? आधे वाक्य के अनकहे शब्द एक भारी बोझिल-सी चुप्पी में धँसे-से रह गए। माँ की आँखों की पुतलियाँ नहीं दिखतीं, सिर्फ़ दो उद्वेलित, रक्तहीन-सी सफ़ेदियाँ उसकी ओर देख रही हैं।

"यहाँ आओ, इधर," क्या यह माँ जी का स्वर है?

वह सहमा-सा आगे बढ़ा, बढ़ा, और रुक गया। माँ जी के हाथ में एक नीले काग़ज़ का पुरज़ा काँप रहा है।

"इसे पढ़ो।"

पहली बार पढ़ा, और कुछ भी समझ में नहीं आया। दूसरी बार पूरा नहीं पढ़ना पड़ा। बीच में ही माँ फूट-फूट कर रोने लगी थी। हरीन खड़ा रहा, जैसे कुछ न हुआ हो! समझ में आने भर से ही क्या यंत्र-चालित-सी प्रतिक्रिया कभी हो पाती है? तभी तो कारण जानने पर भी माँ जी के आँसू इतने विचित्र और असंगत-से लग रहे हैं। किन्तु अधिक देर तक पीड़ा और अनुभूति के बीच तटस्थता का यह निर्जीव क्षण न रह सका। उसका सिर चकराने लगा है और वह जहाँ खड़ा था, वहीं धप्प से बैठ गया है।

"कहाँ से मिला? कौन दे गया है?"

"कुछ मालूम नहीं। कमरा साफ़ करते हुए अचानक हाथ लग गया।"

माँ का चेहरा विवर्ण, कातर-सा हो आया है। आँचल सिर से गिर गया है और सारा शरीर पत्ते की तरह हिल उठता है।

"मैं तो पहले ही जानती थी, यह डायन कभी-न-कभी मुँह में कालिख पुतवा के रहेगी। आज वह ज़िन्दा होते!" सिसकियों की उफनती धारा में शब्द बनते-न-बनते उखड़ते जाते हैं।

"प्रेमा से पूछा था?" हरीन ने गले में अटके थूक को निगल लिया।

माँ जी का रोष-भरा स्वर फुत्कार उठा, "कुछ बोलती नहीं है राँड! मारा...फटकारा...लेकिन बैठे-बैठे चुपचाप मेरा मुँह ताकती रहती है। बंगाली बाबू, बताओ, अब क्या करूँ? मैं तो कहीं की भी नहीं रही!"

माँ विक्षिप्त-सी अपने सफ़ेद बालों को नोचते हुए रोती जा रही है। उसको क्या लेना-देना है माँ जी से, प्रेमा से, किसी से भी? जो उसके बस की बात नहीं, उसमें उसे घसीटने से क्या मिलेगा? फिर क्यों माँ जी उसके कमरे में आकर उसके सामने रो-बिलख रही है? वह माँ जी से क्या कहे, क्या कहकर उसे सान्त्वना दे पाए?

"बंगाली बाबू, बड़ा उपकार मानूँगी!" माँ जी कुछ सोचती हुई-सी प्रार्थना-भरी दृष्टि से उसकी ओर देख रही थी।

"कहिए, माँ जी?"

"ज़रा मेरे संग चलो।"

"कहाँ?"

"उसी...उसी बदमाश के पास, अभी तो वहीं खड़ा होगा।"

हरीन जड़ नेत्रों से निरा बेवक़ूफ़-सा माँ जी के मुँह की ओर देखता रहा।

"आप जानती हैं उसे?"

"जानती नहीं, तो उसे सिलाई के स्कूल से क्यों छुड़वा देती? दो-चार दफ़ा प्रेमा के संग मुहल्ले में आते-जाते देखा था। क्या मालूम था, बात चिट्ठियों तक जा पहुँचेगी!" माँ जी का कंठ रुँध गया, और स्वर रुआँसा हो आया।

हरीन चुपचाप खिड़की के बाहर धुंध में सिहरते-ठिठुरते-से लैम्प-पोस्ट के प्रकाश को देखने लगा—कहीं बहुत नीचे दबी, बहुत पुरानी गाँठ खुलने लगी।

"माँ जी!"

"क्या बंगाली बाबू?"

शब्द मानो बहुत देर तक गाँठ से नहीं खुल पाते। जो खुल पाते हैं, वे भी टेढ़े-मेढ़े, गले में अटकते-से। फिर वैसा ही निर्विकार सूखा-सा स्वर।

"प्रेमा का ब्याह क्यों नहीं करा देतीं? अब तो वह काफ़ी सयानी हो गई है!"

"प्रेमा का ब्याह?" माँ जी ने होंठों में ही धीरे से बुदबुदाया। उसकी आँखें पीले चेहरे पर फैल-सी गईं और उसका काँपता-सा स्वर कमरे की गहरी, घनी निस्तब्धता से सिसकने लगा, "प्रेमा तो विधवा है, बंगाली बाबू।...तुमसे छिपाकर क्या होगा! लाहौर से यहाँ आकर सोचा था... इस पराये शहर में कोई जानता नहीं, पहचानता नहीं, दूसरा ब्याह कराते कितनी देर लगती है!...लेकिन यह राँड कुलच्छनी जो ठहरी! ख़सम को खाकर भी चैन नहीं आया! मेरी तो बुद्धि ही काम नहीं करती, बंगाली बाबू। कुछ समझ में नहीं आता, क्या करूँ, कहाँ जाऊँ!...हाय, आज वह ज़िन्दा होते!"

और माँ जी के आँसू झर-झर बहे जा रहे हैं। उसने, पता नहीं क्यों, खिड़की के बाहर अँधेरे को निगलते हुए चुपचाप आँखें मूँद ली हैं... और किसी ने नहीं जाना, प्रेमा कितनी देर से अँधेरी सीढ़ियों पर छाया-सी सिमटी खड़ी रही है—अविचल, निर्लिप्त।

और फिर रात...

वह नंगे पाँव इतनी सर्दी में अँधेरे आँगन में क्यों खड़ा है? हवा चलने से नीम के पत्ते सर्र-सर्र बोल उठते हैं, आँगन की दीवार पर लैम्प-पोस्ट के पीले दायरे में उनकी छाया काँप जाती है। चौकीदार की कर्कश, लम्बी, खुरदरी आवाज़ तेज़ छुरी-सी गली के ऊँघते अँधेरे को काटती हुई कहीं बहुत दूर खो जाती है। सामने के मकान से नित्तो की भर्राई, भुतैली चीख़ें, आँखें आधी हँसती, आधी रोती हुई, त्रस्त,

आतुर आवाज़ें और कभी न रुकता हुआ एक ही असीमित चक्कर में बेतहाशा घूमता हुआ अनर्गल प्रलाप...आज रात-भर क्या नित्तो खिड़की पर ही सिर पटकती रहेगी? कैप्टन भंडारी के फ़्लैट से ग्रामोफ़ोन का संगीत-स्वर रात की नीली धुंध में थिरकता, तैरता-सा आ रहा है, "ऑल द वर्ल्ड इज़ वेटिंग फॉर द सनशाइन...ऑल द वर्ल्ड इज़ वेटिंग..."

हरीन को लगा कि आँगन के अँधेरे कोने से प्रेमा खिलखिलाते हुए हँस रही है, लामासिप्पी। न, न, लामासिप्पी तो बच्चों को उठाकर ले जाती है...हाय री माँ, क्या सचमुच?...सोना भाता है, लेकिन नींद नहीं आती...नींद नहीं आती, बंगाली बाबू, व्हाट डू यू वांट? और हरीन ने ज़ोर से अपने सिर को झटका दिया। और उसे लगा कि कुछ देर पहले प्रेमा की खिलखिलाहट जहाँ सुनाई दे रही थी, उसी स्थान पर माशी माँ की धुँधली-सी छाया खड़ी है—वैसा ही झुर्रियों-भरा चेहरा, बड़ी स्निग्ध, मुस्कराती आँखें, और उनके होंठ फड़फड़ा रहे हैं—वही शब्द, जिन्हें बचपन में कई बार सुना है। ज्वर आने पर जब कभी वह पीड़ा से छटपटाता था, तब माशी माँ उसके सिरहाने बैठकर उसके माथे को सहलाते हुए धीरे-धीरे कहती थी, 'आज केर रात ओ केटे जावे, आज केर रात ओ केटे जावे...'

आँगन के ठंडे फ़र्श पर नल की बूँदें अँधेरे में सूराख़ बनाती हुई गिरती जा रही थीं, बराबर—टप्, टप्, टप्...

['कहानी' : अगस्त, 1955]

इम्तहानों के दिन

वह छत से नीचे झाँक रही थी।

वह छत के ऊपर नहीं थी, बल्कि छत के ऊपर ही घर था—एक ईंट की दीवार, एक टाट का परदा, ऊपर टीन का छप्पर; इसके अलावा एक चीज़ और थी, जो घर का हिस्सा न होता हुआ भी परिवार का अनामंत्रित अंग जान पड़ता था—पीपल का पेड़। पेड़ का अपना परिवार था—टहनियाँ, शाख़ें, आने-जानेवाले पंछी। लेकिन पत्ते सबसे ज़्यादा...

इन दिनों वे धूप में झिलमिल करते थे और हवा का हिचकोला खाते ही झिर-झिर करते हुए झरते थे।

वह उन्हें सुबह उठकर ही बुहार देती थी और जब थक जाती तो नीचे झाँकने लगती थी।

नीचे बाबू की दुकान थी—चाय, डबलरोटी की दुकान, जिसके आगे कुछ फ़टीचर कुर्सियाँ, एक रंग-उड़ा बेंच और पत्थर से दबा एक हिन्दी का अख़बार रखा रहता था। जो भी गाहक आता, अख़बार को उड़ती

निगाहों से देखता, चाय पीकर आनेवाले दिन के लिए तैयार होता और अगर उसके पास साइकिल होती, तो घंटी बजाता हुआ लोप हो जाता।

पीपल पर बैठे परिन्दे घंटी की आवाज़ सुनते ही फुर्र से उड़ जाते।

इम्तहान पास आ रहे थे। हो सकता है, उनके शुरू होने से पहले कोई बाढ़ आए और सारी गली को बहा ले जाए! भूचाल आए, धरती फट जाए, टीचर, स्कूल, दुकानें, उसमें समा जाएँ—सिर्फ़ धूल का गुबार और कुछ नहीं। हो सकता है...

सब कुछ हो सकता है। होता कुछ नहीं। अप्रैल की चमकीली हवा में समय हिलता रहता, दिन बीतते जाते, गली चलती रहती। हवा में डोलते पत्ते उसकी स्कूली किताबों, कॉपियों, बस्ते—उसके बालों पर ऐसे गिरते, जैसे उन्हें मालूम हो, किस पत्ते को कहाँ गिरना है। माँ उसके बालों को कंघी से सँवारते हुए उन्हें एक-एक करके ऐसे निकालती, जैसे वे जुएँ या जोंकें हों, उसकी देह से चिपकी हुई। वह सिर झुकाए इतिहास के जीर्ण पन्नों पर आँख गड़ाए रहती—अलाउद्दीन चित्तौड़ के क़िले में आए हैं, रानी पद्मिनी आईने के आगे खड़ी हैं। सब कुछ झिलमिल कर रहा है, चमकीली रेत क़िले पर उड़ रही है, आईने में उसका अपना चेहरा मुस्करा रहा है...

"स्कूल नहीं जाना, कब तक शीशे के आगे खड़ी रहेगी?"

औरत की झिड़की सुनते ही वह अपनी चुन्नी से आईना पोंछ डालती; रानी पद्मिनी पीपल के पेड़ के पीछे, वह सीढ़ियों पर; जल्दी-जल्दी लोहे की सीढ़ी उतरती, जो घर की सीढ़ियाँ न होने के कारण बाबू ने अपनी दुकान और मकान के बीच टाँग दी थी।

दुकान के सामने सुबह के गाहक बेंच पर बैठे दिखाई देते—अख़बार बाँटनेवाला लड़का, थका-माँदा चौकीदार, पड़ोस के शर्माजी, जो सुबह की सैर के बाद वहाँ चाय पीने नहीं, अख़बार पढ़ने बैठ जाते थे। वह सबकी निगाहें बचाती हुई सड़क पर चली आती। सुबह की सड़क नंगी और ख़ाली...गाहकों की आँखों-सी, जो उसकी पीठ पर घुँपी रहतीं, जब तक वह गली के मोड़ पर आकर इन्हें छिटक न देती, जैसे कोई कपड़ों के भीतर घुस आए कीड़े को वहीं छिटक देता है।

बढ़ती हुई देह पर कितनी आँखें उग आती हैं...

वह तेज़-तेज़ चलती थी। लेकिन देह में तेज़ी नहीं थी—जैसे टाँगें स्थिर देह को उठाकर चल रही हों! देह भी नहीं—सलवार-क़मीज़, चुन्नी, बस्ते में ठुँसी किताबें एक चलती हुई दुनिया थी, जिसमें भीतर धुक-धुक करती धड़कन का एक तार घर की छत से जुड़ा रहता, दूसरा तार स्कूल के हरे फाटक से। फाटक के दो खुले पल्लों के बीच जाते ही मैदान में खड़े लड़के-लड़कियों की चौपड़ दिखाई देती, हरी यूनिफ़ॉर्मों का बरनम जंगल, प्रार्थना के समवेत स्वरों में ऊपर उठता हुआ, नीचे गिरता हुआ... 'लब पे आई है दुआ, बनके तमन्ना तेरी'—वे गा रहे थे। उसे बुला रहे थे।

वह भागती हुई अपनी क्लास की अन्तिम पंक्ति में जाकर खड़ी हो गई—टीचर जी की आँखों से दूर, दुआ की उठती धुंध के भीतर, दूसरों की तान के साथ अपनी तमन्ना को घोलती हुई, घुलाती हुई...

मुँदी हुई आँखों के भीतर उमगती हुई तमन्नाओं का अम्बार उड़ता जाता।

मैदान के आर-पार।

घंटी बजते ही सब कुछ तितर-बितर हो जाता। स्कूल के दरवाज़े उन्हें एक-एक करके निगल लेते। ख़ाली मैदान और भी ख़ाली दिखाई देता, सिवा बैडमिंटन के जाल के, दो बाँसों के बीच बँधा हुआ, गुनगुनी हवा में गुनगुनाता हुआ—सर्र-सर्र-सर्र...

वह भी सुनती है यह आवाज़, क्लास रूम की खिड़की से; एक घंटी दूसरी घंटी के पीछे भागती जाती है—इतिहास, गणित, भूगोल के स्टेशनों को पार करते हुए जब ड्राइंग का पीरियड आता है, तो जैसे सब कुछ रुक जाता है। उसकी कॉपी सारी क्लास में घुमाई जाती है...देखो, इसने क्या बनाया है, पेंसिल की नोक से उतरते हुए शर्मा जी—काले भुजंग, थुलथुल देह, कव्वे की-सी चौकस, चतुर, आँखें; ड्राइक्लीनर हीरालाल जो हमेशा आईने में अपना चेहरा देखते हुए बाल सँवारता है और फिर ख़ुद अपने को देखकर आँख मारता है और वह बंगाली बाबू, जिन्हें सब टाइप-मास्टर कहते हैं, क्योंकि गली में सिर्फ़ एक वही हैं, जो अपनी रैमिंग्टन मशीन पर लोगों की अर्ज़ियाँ टाइप करते हैं, लेकिन देखते दीवार की तरफ़ हैं, जहाँ चौखटे में पड़ी उनकी अपनी तसवीर टँगी रहती है।

"पूरी पोर्ट्रेट गैलरी! तुम ये चेहरे यहाँ-वहाँ-कहाँ से बटोरकर लाती हो?" टीचर जी पूछती हैं।

कैसे बताए, वह टी-स्टाल के ऊपर रहती है, छत के ऊपर छत वाली कोठरी में—हवामहल में? वहाँ से लोगों को देखने के लिए नीचे नहीं देखना पड़ता, ख़ुद उनकी टोहती आँखें छत पर चिपकी दिखाई देती हैं—चौके के बर्तनों पर, हवा में सूखते कपड़ों पर, जो पीपल की टहनी पर सबकी आँखों के सामने बेशर्म होकर झूलते हैं—जैसे वहाँ वे नहीं, वह ख़ुद नंगी होकर टँगी हो...

"नहीं, टीचर जी, मैं उन्हें बटोरकर नहीं लाती; वे सब मेरी देह पर बिछे रहते हैं!"

"और जब पानी बरसता है, हवा चलती है, आँधी आती है—तब?" टीचर जी की मूक आँखें पूछती हैं।

"तब क्या?" वह हँसने लगती है।

टीचर जी उसकी हँसी देखकर हमेशा सहम-सी जाती हैं। राख उड़ती-सी हँसी—क्या दूसरों के चेहरों को उकेरते हुए अपनी नियति का चेहरा खो जाता है? राख बन जाता है?

"तब क्या होता है, जब आँधी आती है?"

"आँधी नहीं, अन्धड़ आया था। ऐसी हवा कि मेरे सारे कपड़े जो मैंने धोकर टहनी पर सुखाने रखे थे, अपने को पीपल से छुड़ाकर उचक्कों की तरह गली में भागने लगे। यह तो अच्छा हुआ कि आँधी के साथ अँधेरा भी छा गया। धूल के रेले में किसी को कुछ दिखाई नहीं देता था। कोई किसी का नहीं, किसी के साथ नहीं। देखिए टीचर जी, जिन्हें हम रूमाल, अँगोछा, क़मीज़, कोट कहते हैं—उनकी अपनी जान है, हमारी देह पर वे वैसे ही बँधे रहते हैं, जैसे जू में जानवर। कभी आपने दरज़ी की दुकान में लटकते कपड़ों को देखा है? वे वैसे ही दिखाई देते हैं, जैसे कसाई की दुकान में जानवरों की लोथें, खूँटी से लटकती हुई...! आप हँस रही हैं...सच, अगर ऐसा न होता, तो वे मौक़ा मिलते ही भाग क्यों निकलते हैं?

"उस रात तो हद हो गई, कहीं कुछ दिखाई नहीं देता था। पता नहीं, वे सारे-के-सारे कपड़े कहाँ जाकर दुबक गए थे! जब आँधी कुछ कम हुई, तो मैं अपने भाई को साथ लेकर बाहर निकली। बड़े कपड़े तो मिल गए, माँ की साड़ी, मेरी सलवार-क़मीज़, भारी होने के कारण नहीं, वे बेचारे ज़्यादा दूर नहीं भाग सके लेकिन...लेकिन हम जो भीतर पहनते हैं," वह कुछ हँसी, टीचर जी का चेहरा भी सुर्ख-सा हो आया, "उनका कुछ पता नहीं; जब हम वापस लौट रहे थे, तो भाई ने मेरा कन्धा पकड़कर इशारा किया—बशीर मियाँ की दुकान की तरफ़,

जहाँ साइकिलों के पंक्चर जोड़े जाते थे। वहाँ अपनी दुकान के आगे बशीर मियाँ ने एक पिचका हुआ टायर लगा रखा था, निशानी की तरह...वहीं उसी टायर पर मेरा ब्रा लटक रहा था—उलटे चिमगादड़ की तरह; बड़ी मुश्किल से भाई को कन्धे पर बिठाकर उसे उतारा था।

"दूसरे दिन बशीर मियाँ ने आकर बताया कि पिछली रात कोई चोर उनकी दुकान पर चढ़ा था, ख़ुदा का शुक्र, पिचके टायर के अलावा उसे कुछ भी नहीं मिला।"

ऐसा कभी-कभार ही होता था। अक्सर दिन अपना उपसंहार उजले कगार पर करता था। ऐसे क्षणों में गली का ज्वार एकदम बढ़ जाता। तय करना मुश्किल हो जाता, घर लौटती हुई दुनिया अपना आख़िरी चक्र पूरा करते हुए इतना बेकरार क्यों हो जाती है? क्या उसे डर लगता है कि शायद यह पहियों का आख़िरी चक्कर है? इसके बाद कुछ भी नहीं। जो कुछ भी नहीं, उससे इतना डर?

क्या यही डर इतने लोगों को बोधराज जी के पास खींच लाता था? वह अपनी गद्दी पर बैठे रहते थे। काठ के डेस्क पर हमेशा कोई पोथी खुली रहती थी। दुकान के आगे एक परदा लटका रहता था—थोड़ा-सा खुला हुआ। गली से गुज़रती हुई जब उसकी निगाह भीतर जाती तो हमेशा कोई-न-कोई बोधराज जी के सामने बैठा दिखाई देता—परेशान, उत्सुक, चिन्ताग्रस्त, जैसे उनके जीवन की डोर पोथी के फ़ैसले पर टँगी है, जिसे बोधराज जी ग्रहों और नक्षत्रों के जाल के बीच ढूँढ़ रहे होते...! स्कूल से लौटते हुए वह क्षण-भर के लिए ठिठक जाती। वह ठीक उस क्षण वहाँ मौजूद होना चाहती, जब बोधराज जी पोथी से सिर उठाकर निर्णय सुनाएँगे।

क्या परीक्षाओं के नतीजे इसी तरह निकाले जाते हैं—पास, फेल? मन होता, कभी बोधराज जी अकेले होंगे, तो वह भी जाएगी, अपना हाथ दिखाएगी, कहेगी—'मैं हवामहल से आई हूँ, जहाँ से आपकी दुकान पर अंग्रेज़ी अक्षरों में लिखा साइन बोर्ड दिखाई देता है—प्रोफ़ेसर बोधराज, एस्ट्रॉलोजर एंड फ़िलॉसफ़र, फ्रेंड एंड गाइड...मैं उसे सुबह-शाम देखती हूँ...आप बताइए, मेरा क्या होगा?'

बोधराज जी सिर उठाते हैं। चश्मे के भीतर से उनकी थकी आँखें उस पर ठहर जाती हैं, "क्या है बेटी, यहाँ क्यों खड़ी हो? क्या रास्ता भूल गई हो?"

वह तेज़ क़दमों से आगे बढ़ गई। सचमुच सर्वज्ञाता हैं! कैसे एकदम जान लिया कि रास्ता भूलकर वह उनके पास आई है? और तब उसे लगा, जैसे 'फ़िलॉसफ़र' का मतलब यही होता होगा—खोए हुए रास्ते के बीचोबीच अपनी दुकान लगानेवाला आदमी। वहाँ...कोई भी उसके पास जाकर घर का रास्ता पूछ सकता है।

लेकिन तारे? क्या पोथी के नक्षत्र वही हैं, जिन्हें वह अपनी छत से देखती थी? शाम को घर लौटती, तो वे पीपल के ऊपर दिखाई देते थे, जैसे पत्तों के बीच जुगनुओं-से चमक रहे हों! माँ चौके में, भाई गली में, बाबू दुकान में...घर में सिर्फ़ वह और आनेवाले इम्तहानों का क्या; क्या उससे बचने का कोई रास्ता नहीं?

वह अपनी मंजी बाहर ले आती, चौकी पर लालटेन रखती और उसके नीचे खुली हुई कॉपी, जिस पर लिखते हुए उसे अपने हाथ की छाया दिखाई देती। वह रुकती तो हाथ भी रुक जाता। सोचने लगती तो हाथ भी कुछ सोचने लगता। बहुत देर तक वह लालटेन की रोशनी में उसकी छाया देखती रही—कॉपी के पन्ने पर, जैसे यह उसका नहीं, किसी दूसरे का हाथ है! बोधराज जी उसे देखेंगे तो कहेंगे—'यह तो भाई, किसी रानी का हाथ है, तुम्हारा हाथ कहाँ है?'...'मेरा ही हाथ है, बोधराज जी।

आपकी दुकान के सामने हवामहल में रहती हूँ—गली के सबसे ऊपर। हर रोज़ रानी पद्मिनी मुझसे मिलने आती है...मेरे आईने में उनका चेहरा पत्तों के बीच झिलमिलाता है...'

वह जल्दी से कॉपी-किताब छोड़कर छत की मुँडेर के पास जाती है...बोधराज जी अपनी दुकान बन्द करके कब के चले गए थे। सिर्फ़ बोर्ड पर लैम्प-पोस्ट की रोशनी में उनके नाम के साथ बड़े-बड़े अक्षर चमक रहे थे...फ़िलॉसफ़र, फ्रेंड एंड गाइड।

वह कुछ देर तक उन्हें देखती रही...फिर हठात् चौंक गई। दुकान की दीवार से सटकर कोई धीरे-धीरे फुसफुसा रहा था। नीचे झाँककर देखा, तो मोटरसाइकिल पर दो आदमी दिखाई दिये—ज़्यादा बड़े भी नहीं, कॉलेज के लड़कों जैसे, अक्खड़ और अनजान, कुछ-कुछ डरे हुए-से, फिर भी ख़ुश, जैसे दीवार के नीचे उस कोने को अकेला पाकर उन्हें कोई स्वर्ग मिल गया हो! घर जाने से पहले यहाँ अड्डा जमाया था, सबकी आँखों से दूर, बिना यह जाने कि दो आँखें कहीं ऊपर से उन्हें देख रही हैं।

वह ठीक से उन्हें देख भी नहीं सकती थी—एक खड़ा था, दूसरा मोटरसाइकिल की सीट पर बैठा था। उसी ने कहीं टाँगों के पीछे छिपे बैग से कोई चीज़ निकाली थी—एक के हाथ में गिलास दिखाई दिया, दूसरे का कहीं छिपा था...उसे मालूम पड़ गया, वे यहाँ क्या करने आए हैं...अँधेरा होने पर दुकानें बन्द करके लोग यहाँ आते थे, जो चीज़ घर में नहीं पी जा सकती, उसे यहाँ जल्दी से गटककर अँधेरे में ग़ायब हो जाते थे...लेकिन ये लड़के? दुकानदारों की दुनियादारी इन पर नहीं थी; वे कुछ फुसफुसाने लगते, फिर हँसने लगते, ज़रा-सा भी खटका होता, तो अपने गिलास नीचे कर लेते। वे इस गली के नहीं जान पड़ते थे, न उस दुनिया के, जो आसपास फैली थी...कौन-सी चीज़ थी, जो उन्हें अँधेरे में भी इतना चमकीला बना देती थी—उनकी हँसी? फुसफुसाहट? सुख? नशे का सुख?

सुख क्या ऐसे आता है—गली के नुक्कड़ पर? अँधेरे में?

वह मुँडेर पर खड़ी मंत्रमुग्ध-सी उन्हें देखती रहती। तभी उनमें से एक की छाया हिलती है; वह दुकान के पीछे वाली दीवार के पास जाता है, लैम्प-पोस्ट की रोशनी में उसकी छाया दीवार से चिपकी रहती है और जब कुछ देर बाद वह पैंट की ज़िप खींचता हुआ गली में आता है, तो अचानक उसकी आँखें ऊपर उठ जाती हैं, जैसे उसने भाँप लिया हो, कोई वहाँ खड़ा है।

वह सीटी बजाता हुआ अपने दोस्त के पास जाता है, मोटरसाइकिल का इंजन गुर्राता है, कोई चीज़ अँधेरे में धप से गिरती है और वे गड़गड़ाते शोर के साथ रात के सन्नाटे में ग़ायब हो जाते हैं, जैसे यहाँ कभी आए ही न हों! कुछ भी नहीं बचा रहता। सिर्फ़ नाली में पड़ी टूटी बोतल, दीवार पर छपी पीली फुहार और—हँसी। अँधेरे में जब सब कुछ डूब जाता है तो भी उनकी हँसी बराबर चमकती रहती है।

वह चौंक गई। मुँडेर से हटकर भागती हुई कोठरी में आ गई। नीचे दुकान की घंटी रस्सी पर डोलती हुई चीख़ रही थी।

यह घंटी भी अजीब थी। बजती नीचे थी, लेकिन गूँजती सारे घर में थी। माँ उसे अपनी सौतन कहती थीं, गले की फाँसी; जब कभी दुकान में किसी चीज़ की कमी पड़ जाती, तो बाबू रस्सी खींचते थे; रस्सी का एक सिरा दुकान के खूँटे से बँधा रहता, दूसरा ऊपर पीपल के तने से, जिस पर पीतल की घंटी लटकी थी। जब नीचे रस्सी खिंचती, तो वह खन-खन खनकने लगती। दूर से सुनने पर लगता, जैसे पीपल का पेड़ झनझना रहा हो। उसे सुनते ही माँ को पता चल जाता, नीचे की दुनिया बुला रही है—

एक बार बजने पर दूध, दो बार बजने पर चाय-पत्ती, तीन बार बजने पर बिस्कुट-मठरी; बाप को बार-बार ज़ीना चढ़कर ऊपर नहीं आना पड़ता था, माँ ज़रूरत की चीज़ पोटली में बाँधकर रस्सी के सहारे नीचे पहुँचा देती। गाहकों को भ्रम होता, वह किसी लुटी-पिटी टी-स्टॉल में नहीं, किसी मन्दिर के प्रांगण में बैठे हैं। घंटी की आवाज़ सुनते ही कृपालु देवता सारा प्रसाद नीचे भिजवा देते हैं...

कभी पीपल देवता अपनी मस्ती में हिलते हुए भी घंटी बजा देते थे, जैसे उसे मालूम हो, कोई नीचे खड़ा है और जब वह नीचे झाँककर देखती तो सचमुच कोई साधु या भिखारी दिखाई दे जाता; हवा में डोलती रस्सी इतराने लगती, जैसे पीपल के गोपनीय सन्देशे वही नीचे ले जाती हो; शनिवार को काले पंडित भी तेल की लुटिया लेकर आते। हर हफ़्ते उनकी हाँक सुनाई देती; लुटिया धीरे-धीरे ऊपर उठती जाती और वे—माँ, बेटा, बेटी—अपने-अपने पैसे डालकर उसमें अपनी छाया देखते...

"नीचे करूँ?" शनि देवता नीचे से चिल्लाते।

"नहीं, अभी नहीं," वह सबसे आख़िर में पैसा डालती, तेल में अपना चेहरा देखती, तो उसमें चित्तौड़ की रानी दिखाई देती—सुन्दर सुनहरे क़िले की मुँडेर से नीचे झाँकती हुई, सिक्कों के बीच मुस्कराती हुई, नीचे की ओर जाती हुई...क्या शनि देवता सबकी छाया को लुटिया में बन्द करके ले जाते हैं और जब अगले सात दिन बाद वापस लौटते हैं, तो तेल में अपनी छाया नहीं, किसी दूसरे का चेहरा दिखाई देता है?

दूसरे के चेहरे? और तब सहसा उसे गली के निशाचर याद आते, रात को शनि देवता, जो तेल की लुटिया नहीं, पीठ पर काली बोरियाँ लादे आते थे। वे लोगों के चेहरे नहीं, गली की गुदड़ी में छिपे लाल जमा करने आते थे। रात का कोई ऐसा रतन नहीं जो उनकी भूखी, शिकारी आँखों से बचा रह सके। दूध की प्लास्टिक थैलियाँ, बासी अख़बार, चुहचुहाते चिथड़े, हवा में बहती टेलर मास्टर की कतरनें—

उनकी बोरियों की जठराग्नि का कोई अन्त था? गली एक बनैला आखेट-स्थल बन जाती। वे आगे-आगे, गली के कुत्ते पीछे-पीछे—ग़ुस्से और आक्रोश में इन बाहरी लुटेरों पर लपकते हुए, लेकिन फिर भी भयभीत, जैसे वे किसी दूसरे ग्रह की प्रेतात्माएँ हैं, जो उनके दाँतों, पंजों की पहुँच के बाहर हैं। कुत्तों की बात तो अलग रही, गली की छुईमुई चीज़ें भी उन्हें देखते ही किनारा काट लेतीं; लॉटरी के बिखरे टिकटों की चिन्दियाँ उनके पैरों की आहट पाते ही भागने लगतीं, पीपल के पत्ते हवा में चरमराने लगते; बीड़ियों, सिगरेटों के टोटों में खलबली मच जाती—सिर्फ़ गली की बूढ़ी बिल्ली ही थी, जो निश्चल और निडर होकर पानी की टंकी पर बैठे हुए उन्हें अपनी चमकती आँखों से घूरती रहती।

फिर अचानक वे लोप हो जाते। जिस अँधेरी खोह से बाहर आए थे, उसी में समा जाते। छत की मुँडेर पर खड़ी वह लुटी हुई गली के श्मशान को देखती रहती। खिसियाए हुए कुत्ते पूँछ दबाए लौट जाते, लाठी उठाए खों-खों करता चौकीदार बाहर निकल आता। सब कुछ पहले जैसा हो जाता। शान्त और नीरव। नीरव और सुनसान। सिर्फ़ गली की सात नम्बर दुकान अब भी खुली होती। यहाँ से बंगाली बाबू की टाइप मशीन के अक्षर खट-खट करके बाहर निकलते जाते, रात के पतिंगों-से उड़ते हुए उन शब्दों से मिलते जाते, जिन्हें वह किताब में पढ़ रही होती—नंगी छत पर लालटेन के बीच...मंजी पर लेटी हुई।

"जागती हो?"

टाट के हिलते परदे से स्त्री की आवाज़ सुनाई देती है।

"कुछ चाहिए?"

"पहले बता, पढ़ तो नहीं रही?"

"नहीं, पहले बता, क्या चाहिए?"

उसने औरत की आवाज़ की नक़ल नकियाते हुए की, तो वह हँसने लगी, "थोड़ा गर्म पानी देगी?"

"अब लेट जा, बाक़ी कल कर लेना!"

"बस, दो कपड़े बचे हैं, तू दे, मैं आई!"

माँ का स्वर टाट के पीछे ऐसे सुनाई देता है, जैसे स्कूल के ड्रामे में कोई पीछे से बोलता है, आवाज़ सुनाई नहीं देती, लेकिन उसकी शक्ल दिखाई देती है।

किताब तकिये के नीचे दबाकर वह मंजी से उठी। केरोसीन तेल का स्टोव जलाया तो भक् से सारे पीपल का पेड़ जाग उठा। दीवार पर उसकी छाया किसी विराट जिन की काया जैसी दिखाई दे रही थी—समूची छत पर अपनी लम्बी बाँहों को डुलाती हुई; कहता कुछ नहीं था, सिर्फ़ फड़-फड़ करता था, अपने से ही बोलता था। कोई और दिन होता, तो वह उसके पास ठहर जाती, सुनती, जो वह बुड़बुड़ा रहा होता, लेकिन उस रात वह जल्दी से उसके पास से निकल गई, गर्म पानी की कटोरी कपड़ों के ढेर के पास रख दी।

औरत ने जल्दी से चुल्लू-भर पानी लिया, और कपड़ों पर छिड़कने लगी। फिर धीरे से बचा-खुचा पानी उसके चेहरे पर। वह चिहुँककर पीछे हटी, उलटी हथेली से मुँह पोंछा।

"क्या करती हो?"

औरत हँस रही थी। वह अपनी चुप बेटी को इसी तरह चिढ़ाया करती थी।

"बाहर नहीं चलोगी?"

"तू जा, मैं आती हूँ..."

वह खड़ी रही। लालटेन की पीली रोशनी में स्त्री को इस्तिरी करते हुए देखती रही। सबके गट्ठर अलग-अलग—उसके स्कूल की हरी पोशाक, भाई की निकर-क़मीज़, बाबू के पाजामे, पतलूनें, औरत की अपनी धोतियाँ जो धुल-धुलकर तार-तार हो गई थीं और अब आतुर प्रतीक्षा में इस्तिरी की गरमाई पाने लेटी थीं...

क्या स्कूल की कोई सहपाठिन जान जाएगी, उसकी चमकती यूनिफ़ार्म किस कालिख-भरी कोठरी से निकलकर बाहर आती है?

"ज़रा देख, दुकान में कोई बैठा है?"

वह ज़ीना नीचे उतरी...पूरा नहीं—अधबीच में ही पता चल जाता था, दुकान की दुनिया में कौन-कौन विचरता है। इतनी रात कौन आएगा, सिर्फ़ टाइप मास्टर के...? वह घर जाने से पहले चाय-टोस्ट के साथ एक उबला हुआ अंडा खाते हैं, एक ठो डिम!...कभी-कभी माँ पोटली में नमकीन चना और भुना हुआ चिउड़ा भी भिजवा देती हैं—थोड़ा-सा मुन्ना के लिए भी, जो दुकान बन्द होने तक बाप के साथ बैठता है। अपना होमवर्क भी वहीं कर लेता है, बंगाली बाबू से पूछ-पूछकर।

बंगाली बाबू घर जाने से डरते हैं। उनका होमवर्क तभी पूरा हो गया, जब से उनकी पत्नी का देहान्त हुआ। उन्हें देखकर उसे हमेशा ईर्ष्या-सी होती...इन्हें अब कोई इम्तहान नहीं देना!

वह कुछ नहीं कहती, जल्दी-जल्दी ऊपर चढ़ती जाती है। अगर लोग मरकर ऊपर जाते हैं, तो वह सबसे ऊपर है।

ऊपर चाँद निकल आया था। हल्की-सी धुंध में तैर रहा था। पूर्णमासी के दो दिन पहले का चाँद, आसपास के तारों को धुँधुआता हुआ। पीपल पर पीला चूरा-सा टपक रहा था; कोठरी के कोनों में बूँद-बूँद गिरता हुआ। चौके में रखी थालियों, कटोरियों, पतीलों पर झिलमिलाता हुआ।

छत पर चाँद के नीचे दोनों अपनी-अपनी थालियों के आगे बैठ जाती हैं। खुले में खाने का स्वाद कुछ और ही हो जाता है। लगता है, मेले में किसी ऊँचे झूले में बैठी हैं...घर के भीतर हुए भी बाहर।

"स्कूल का काम कर लिया?"

वह सिर हिलाती है; चुपचाप खाती रहती है। पानी का गिलास मुँह को लगाती है तो औरत का पीला चिन्तामग्न चेहरा दिखाई देता है... आनेवाले इम्तहानों की चिन्ता उन्हें सबसे ज़्यादा सताती है। ख़ुद एक अक्षर नहीं पढ़ पाती, सारा ध्यान बेटी की पढ़ाई पर अटका रहता है।

"थोड़ा-सा दूध रखा है—सोने से पहले पी लेना!"

होंठों से चिपका गिलास ऊपर-नीचे हिलता है।

"कोई और कपड़ा तो इस्तिरी के लिए नहीं देना?"

सिर दाएँ-बाएँ हिलता है—छोटी-सी हँसी बाहर आती है।

"हँसती क्यों है?"

"मुझे कुछ याद आ गया था।"

"मैं पूछती कुछ हूँ, तू सोचती कुछ और रहती है। क्या याद आ गया था?"

"बंगाली बाबू जो हैं न टाइप मास्टर, मैं जब उनकी दुकान से गुज़रती हूँ तो वह अपने को देखते रहते हैं।"

"अपने को कैसे?"

"टाइप मशीन के आगे उनकी अपनी लम्बी तसवीर लगी है, जैसे वह कोई आईना हो!"

"इसमें हँसना क्या! अपने को देखना क्या बुरी बात है?"

"बुरी बात नहीं—लेकिन क्या कोई अपनी तसवीर फ्रेम में जड़वाकर अपनी दुकान में लगाता है?"

"हिश! हौले बोल, वह नीचे बैठे हैं।"

हवा में चौके की दीवार पर लटका कैलेंडर फड़फड़ा रहा था—उस पर बैठी दुर्गा माई ऊपर जातीं, नीचे आतीं, जैसे उनके साथ वह भी झूले में बैठी हैं। गली के आगे पक्की सड़क से कोई मोटर-गाड़ी गुज़रती तो उसकी घूमती हेडलाइट में सारी गृहस्थी नंगी हो जाती—मर्तबान, पीपे, किताबें और कपड़ों के बंडल...दीवार पर उड़ती दुर्गा माई...फिर एकदम सीन बदल दिया जाता। सिर्फ़ छत पर उन दोनों की सिमटी छायाएँ जगी रहतीं।

"माँ जी!"

"अब क्या हैं?" औरत जूठे बर्तनों को समेटते हुए रुक जाती।

"क्या ये लोग हमेशा से यहाँ रहते थे?"

"कौन लोग?"

"यही...शर्मा जी, हीरालाल, बशीर मियाँ, बंगाली बाबू?"

"गली कहाँ थी? यहाँ नाला बहता था। आसपास कोई बस्ती नहीं। रात को सियारों की आवाज़ सुनाई देती थी।"

"नाला कहाँ चला गया?"

"पाट दिया...अब वह नीचे ही नीचे बहता है। तभी से बारिश के दिनों में सारी गली डूब जाती है; नाला था, तो सारा पानी उसमें बह जाता था।"

"क्या हम उसकी आवाज़ सुन सकते हैं?"

"हाँ, क्यों नहीं...जब सारी गली चुप हो, तो वह सुनाई देता है।"

गली चुप कैसे रहेगी? कुछ न कुछ तो होता रहता है; रिरियाते हुए कुत्तों का रोना, बिल्ली की चोर-चाल, चौकीदार की खट-खट... और यह सब चुप भी हो, तो भी रात की साँय-साँय हवा में पीपल की फड़-फड़ सुनाई देती ही रहती है। और जब किसी घड़ी वह सोने लग जाता है, तो दूर नगर की आवाज़ें अपने-अपने खोमचों के साथ गली की चुप जगहों को भरने आ जाती हैं—काली मन्दिर की घंटियाँ, शादी के बैंड-बाजों की धुंध काटती हुई फ़िल्मी धुनें, जिन्हें सुनकर एक अजीब

डूबी-डूबी-सी चाहना सिर उठाने लगती है, मन डूबने-सा लगता है... गली चुप भी हो जाए, तो मन के दरवाज़े कौन बन्द करने आएगा, जो मौक़ा पाते ही भड़भड़ाकर खुलने लगते हैं?

"कौन है?" औरत हड़बड़ाकर उठ बैठी।

घंटी की आवाज़ थी, जो बहुत देर से दुकान की रस्सी पर झूलते हुए चीत्कार कर रही थी। वह भागती हुई छत की मुँडेर पर गई, नीचे झाँका तो बाबू बुला रहे थे। उसने जल्दी से लालटेन उठाई और ज़ीना उतरने लगी।

"मुन्ना सो गया—मैं उसे ऊपर ले जाता हूँ, तू टाइपिस्ट बाबू को पक्की सड़क तक पहुँचा आ...उन्हें अँधेरे में कुछ दिखाई नहीं देता।"

किसे दिखाई देता है अँधेरे में? उसने ग़ुस्से में बंगाली बाबू का हाथ पकड़ा और लगभग घसीटते हुए कहा, "चलिए।"

वह—टाइप मास्टर—दुकान के बाहर टिमकते उजाले में एक पुतले की तरह खड़े थे। घुटनों तक धोती चढ़ आई थी। कुरते पर ढीली-ढाली बास्केट और हाथ में छतरी, जिसकी सींकें फीते से निकलकर किसी झाड़ी के काँटों-सी बाहर निकल आई थीं। नाक पर ढुरकी ऐनक से आँखें उठाकर उन्होंने उसे देखा—"अरे तू? तू तो बहुत बड़ी हो गई!"

एक हाथ में उनकी छतरी का सिरा, दूसरे में लालटेन—वह आगे-आगे, मास्टर जी पीछे-पीछे। एक झबरा कुत्ता, जो गोश्त की बन्द दुकान के आगे भूख-हड़ताल किये लेटा था, उनके साथ हो लिया। गली में बिखरे फलों के छिलकों, कूड़े के ढेरों के बीच रास्ता बनाते हुए वे बस-स्टैंड की ओर चलने लगे। जब कभी कोई गड्ढा रास्ते में आ जाता, तो वह रुक जाती थी, उन्हें अपने पास आने देती थी। छतरी की मूँठ मोड़कर उन्हें वहाँ ले आती, जहाँ लालटेन की रोशनी में साबुत सड़क दिखाई देती। एक बोझिल, खखारती-सी उसाँस उनके मुँह से बाहर निकलती—"अब तू जा, मैं चला जाऊँगा, पक्की सड़क तो आ गई!"

लालटेन की रोशनी एक क्षण काँपकर स्थिर हो जाती—बिलकुल स्थिर—दो परछाइयों के बीच एक पथराई-सी रोशनी।

"चलिए, आपको बस-स्टैंड तक पहुँचा देती हूँ।"

वह एक क्षण अनिश्चय में खड़े रहे। झबरा कुत्ता सिर उठाकर उनकी ओर देखने लगा, जैसे कह रहा हो—चलना हो, तो चलिए, नहीं तो मैं पीछे मुड़ता हूँ।

इस बार जो चलना शुरू हुआ; सो बस-स्टैंड पर ही जाकर रुके। वह ख़ाली, सुनसान पड़ा था। मोटर-गाड़ियाँ धड़ाधड़ रात के अँधेरे में सामने से निकल जाती थीं। मास्टर जी ने सिगरेट सुलगाकर उसे देखा।

"बस आती होगी...अब तू जा।"

वह खड़ी रही।

"कितनी दूर है आपका घर?"

"ज़्यादा नहीं, तीन स्टेशन पार करने होते हैं।"

"आप यहाँ क्यों नहीं रहते?"

"यहाँ कहाँ?"

"यहाँ गली में। फिर इतनी दूर नहीं जाना पड़ेगा।"

वह कुछ सोचने लगे, सिगरेट की राख झाड़ी, फिर धीरे से कहा, "दूर कहाँ है; कभी तो मेरा स्टेशन इतना जल्दी आ जाता है कि मैं बैठा रहता हूँ, आख़िरी स्टेशन तक। फिर उसी बस में लौट आता हूँ; अब तो कंडक्टर भी मुझे पहचानने लगे हैं, मुझसे टिकट के पैसे भी नहीं लेते—कहते हैं, फ़्री राइड मास्टर जी!"

वह धीरे से हँस पड़े। फिर अपनी ऐनक उतारी और धोती के सिरे से उसके शीशे साफ़ करने लगे, जैसे वे कहीं भीतर से उठती भाप से धुँधला गए हों!

और तब उसे लगा, दुकान में लगी अपनी तसवीर में वह अपने को नहीं, किसी दूसरे को देखते हैं—एक दुकान में टाइप करता हुआ, दूसरा बस में एक स्टेशन से दूसरे स्टेशन जाता हुआ...

बस आकर रुकी तो कुत्ता ज़ोर-ज़ोर से भौंकने लगा। बंगाली बाबू ने जलती सिगरेट फेंक दी, छतरी और झोला हाथ में लिया और जल्दी से उचक के बस के दरवाज़े में घुस गए, फिर पीछे मुड़कर देखा; चलती बस में कुछ भी दिखाई नहीं दिया। सिर्फ़ भौंकने की आवाज़ दूर अँधेरे में देर तक सुनाई देती रही।

गली में लौटी तो सब कुछ शान्त था। बाबू दुकान बन्द करके ऊपर चले गए थे। टीन की छत, टाट का परदा, पीपल का पेड़—सब एकदम निस्पन्द पड़े थे, जैसे साँस रोके उसके आने की प्रतीक्षा कर रहे हों! उसने ज़ीने की सीढ़ी पर पाँव रखा, तो सहसा ठिठक गई। कहीं बहुत गहरे, निबिड़ अन्त:स्थल से सुर्र-सुर्र-सुर्र जैसी गहराती आवाज़ आ रही थी—आवाज़ भी नहीं, केवल एक सरसराती-सी हूक गली के भीतर से उठती हुई, बन्द दुकानों के बीच उसाँसती हुई...

क्या यह नाले की आवाज़ थी, जो कभी यहाँ बहता था और अब कहीं दिखाई नहीं देता?

['कथादेश' : नवम्बर, 1997]

इशारे

वह जब सीढ़ियाँ चढ़ते, तो कोई नहीं कह सकता था कि उनकी उम्र साठ-पैंसठ के ऊपर हो चुकी है। लोग चुपचाप उनके रास्ते से हट जाते। रिसेप्शन काउंटर पर पहुँचकर वह अपना लाइब्रेरी का मेम्बरशिप कार्ड दिखाते—हालाँकि उसकी कोई ज़रूरत नहीं थी—वहाँ उन्हें सब पहचानते थे।

वह घूम जाते। डेस्क के पीछे रेफ़रेंस किताबों का अलग सेक्शन था। चमकती लकड़ी की अलमारियों के बीच फँसे एनसाइक्लोपीडिया, शब्दकोश, थिएटर और फ़िल्मों के सन्दर्भ-ग्रंथ—वह एक अलमारी से दूसरी अलमारी तक गुज़रते जाते। फिर एक ख़ाली मेज़ पर बैठ जाते, जो उनका प्रिय कोना था। वहाँ से वह खिड़की के शीशे से बाहर देख सकते थे, यहाँ पुराने पीपल का पेड़ अपनी टहनियाँ हवा में हिलाता रहता था।

हर रोज़ की तरह उन्होंने अपनी मेज़ पर वे पत्रिकाएँ रख दीं, जिन्हें वह मैगज़ीन सेक्शन से उठाकर लाए थे। वैसे यह लाइब्रेरी के नियम के ख़िलाफ़ था—आप किसी सेक्शन की किताबें, पत्रिकाएँ दूसरे सेक्शन में

नहीं ले जा सकते थे, लेकिन अमर बाबू से कोई कुछ नहीं कहता था। एक तो वह पुराने मेम्बर थे; दूसरे, (जो असली कारण था) वह ऊँचा सुनते थे। उनसे कुछ भी कहने के लिए इतनी ऊँची आवाज़ में बोलना पड़ता था कि एक नियम को बचाने के लिए वे दूसरा नियम नहीं तोड़ना चाहते थे जिसकी तख़्ती हर दीवार पर लगी थी : 'कृपया लाइब्रेरी में ऊँची आवाज़ में मत बोलिए...'

इसीलिए उन्हें उनके अपने नियम के साथ अलग छोड़ दिया जाता। यह लाइब्रेरी का सबसे उजड़ा कोना था—शब्दकोशों और पत्रिकाओं के ढेर के पीछे, जहाँ उनका सिर, नाक, मुँह, आँखें सब छिप जाते। दूर से कोई देखता तो जान भी नहीं पाता कि पुस्तकों की क़िलेबन्दी के बीच कौन छिपकर बैठा है। पढ़ते-पढ़ते जब वह थक जाते, तो मेज़ पर रखी किसी मोटी एनसाइक्लोपीडिया पर सिर टिकाकर ऊँघने लगते। रेफ़रेंस सेक्शन में बैठने का यह एक दूसरा फ़ायदा था—वहाँ उन्हें सोने के लिए मोटी जिल्दोंवाला बना-बनाया सिरहाना मिल जाता था।

लेकिन उस दिन एक अप्रत्याशित घटना हुई। कुर्सी पर बैठते ही उन्होंने पत्रिकाएँ अलग रखीं—ख़ाली मेज़ के काँच को अपने रूमाल से साफ़ किया। जेब से एक चिट्ठी बाहर निकाली और धीरे-धीरे उसकी तहें खोलकर पढ़ने लगे।

यह चिट्ठी वह पाँचवीं बार पढ़ रहे थे—तीन बार घर में, चौथी बार बस में बैठे हुए; उन्होंने आँखें मूँद लीं। सीढ़ियाँ चढ़ने से जो साँस फेफड़े के बीच फँस गई थी, अब सँकरी नलियों में हल्की सीटी बजाती हुई बाहर निकल रही थी। वह निश्चल, अटल बैठे रहे। लिफ़ाफ़े पर हरी स्याही में उनका नाम लिखा था : अमरीश राय 'अमर'। उतनी ही हैरत से उनकी ओर घूरता हुआ, जैसे वह उसे देख रहे थे।

यह चिट्ठी आज सुबह उन्हें मिली थी। चिट्ठी भी कहाँ, एक पीले भुरभुरे काग़ज़ का सर्कुलर लेटर, गश्ती चिट्ठी, जिसमें किसी पत्रिका

के सम्पादक महोदय ने छपे अक्षरों में निवेदन किया था कि वे अपनी पत्रिका का एक 'स्पेशल इश्यू' निकाल रहे हैं, जो चालीस साल पहले की दिल्ली पर होगा—पार्टीशन के दिनों की दिल्ली। आप जो कुछ भी भेजेंगे, हम बहुत ख़ुशी से छापेंगे। एक हज़ार शब्द से कम नहीं, कुछ ज़्यादा होगा, तो आप चिन्ता न करें, हम उसे छोटा कर देंगे। लेकिन आप निश्चिन्त रहें, भावार्थ नहीं बिगाड़ेंगे...

वह बीच में रुक गए। सोचा, 'मुझे क्यों, मेरा पता उन्हें कहाँ से मिल गया? शायद किसी पुरानी पत्रिका से नोट किया हो! लेकिन उन्हें मेरी उम्र के बारे में कैसे अनुमान लगा होगा? लाइब्रेरी में कई पुराने लोग आते हैं, मुझे कभी यहाँ बैठे देखा होगा। लेकिन आख़िर मैं ही क्यों?' आँखें सारी चिट्ठी की सतरें फाँदकर आख़िरी लाइन पर जा टिकीं—एकमात्र हाथ से लिखी पंक्ति, जो टाइप किये गए निर्जीव काले अक्षरों में थोड़ी-सी गरमाई लिये थी...'आशा है, आप निराश नहीं करेंगे...' नीचे सम्पादक के ऐसे हस्ताक्षर थे, जो हवा में उड़ते मिसाइल जैसे दिखाई देते थे।

उन्होंने चिट्ठी को अच्छी तरह तहाकर ख़ाली लिफ़ाफ़े में रख दिया। फिर उन्होंने अपनी नोटबुक बाहर निकाली, जो वह हमेशा लाइब्रेरी आते हुए साथ रखते थे। कभी किसी लेख में दिलचस्प जानकारी मिल जाती या किसी लेखक का अन्दाज़ जँच जाता, तो उसे अपनी नोटबुक में टाँक लेते। किन्तु आज उन्होंने उसे बीच में से खोला। ऊपर अपना पता और नीचे तिथि लिखी और फिर उस चिट्ठी का जवाब लिखने बैठे गए। पहली बार वह उस नोटबुक का इस्तेमाल चिट्ठी लिखने में कर रहे थे।

'आदरणीय महोदय,

आपका पत्र मिला। मुझे यह जानकर कुछ हैरानी हुई कि आपने मुझसे अपनी पत्रिका के लिए लेख माँगा। मैं आपका शुक्रगुज़ार हूँ...

सिर्फ़ यह अर्ज करना चाहता हूँ कि अरसे से मैंने अख़बारों, पत्रिकाओं के लिए लेख, आलेख, संस्मरण लिखना छोड़ दिया है। शायद आपने मुझे कभी लाइब्रेरी में देखकर यह सोचा हो कि मैं आज भी लिख रहा हूँ। मैं आपको बता देना चाहता हूँ, लाइब्रेरी में सिर्फ़ वक़्त काटने जाता हूँ—पहले की तरह आँकड़े, तथ्य और सूचनाएँ इकट्ठा करने नहीं।'

फिर वह ठहर गए। कुछ देर क़लम हवा में थिर रहा, फिर नये पैरा से लिखना शुरू किया :

'महोदय, मैं लिखने के लिए सहमत भी हो जाऊँ तो भी मुझे शक है कि आपने जो विषय मुझे सुझाया है—पार्टीशन के दिनों की दिल्ली—उस पर कुछ भी लिख पाने की हालत में हूँ। यह सही है कि मैं उन दिनों दिल्ली में ही था...स्कूल का विद्यार्थी—और तब से इसी शहर में रहता आ रहा हूँ—लेकिन मेरी याददाश्त काफ़ी कमज़ोर पड़ गई है। वैसे भी कभी ज़्यादा तेज़ नहीं थी। अब जिस उम्र में हूँ, कुछ भी सिलसिलेवार ढंग से याद कर पाना दूभर जान पड़ता है और जो कुछ याद भी आता है, उसके बारे में भी निश्चिन्त नहीं हो पाता कि वैसा सचमुच हुआ था, या वह सिर्फ़ मेरी कल्पना की उपज है...?'

अमर बाबू कुछ देर ख़ाली आँखों से नोटबुक को देखते रहे, फिर उन्हें गहरी थकान-सी महसूस हुई। उन्होंने एक लम्बे अरसे से इतना सब कुछ एक रौ में नहीं लिखा था। एक बेटी कानपुर में, दूसरी कैलिफ़ोर्निया में अपने पति के साथ रहती थी। कानपुरवाली को कभी-कभार वह पोस्टकार्ड में कुशल-क्षेम की दो-चार लाइनें लिखकर अपना कर्तव्य निबाह देते थे। कैलिफ़ोर्नियावाली लड़की उनकी वर्षगाँठ पर फ़ोन कर देती थी। लिखने का अभ्यास तो बहुत पहले छूट चुका था...

उन्होंने एक लम्बी जम्हुआई ली, फ़ाउंटेन पेन को नोटबुक के पीछे रख दिया और मेज़ पर सिर टिकाकर आँखें मूँद लीं।

यह उनकी सुखद घड़ी होती थी...अपने चेहरे के चारों तरफ़ भारी-भरकम रेफ़रेंस पुस्तकों की दीवार खड़ी करके वह मेज़ पर सिर टिकाकर बैठ जाते। कोई उन्हें देखनेवाला नहीं कि वह क्या कर रहे हैं—सोच रहे हैं, पढ़ रहे हैं या सिर्फ़ सो रहे हैं। लोग धीमे, दबे क़दमों से उनके पास से गुज़र जाते, ताकि उनकी पढ़ाई में कोई ख़लल न पड़े। वह किताबों की मुँडेर के बीच इतनी ख़ाली जगह ज़रूर छोड़ देते, ताकि लाइब्रेरी की लम्बी शीशेवाली खिड़की से उन्हें पीपल के पेड़ की झलक दिखाई देती रह सके। वह हवा में डोलता रहता और अमर बाबू नींद के हिचकोले खाने लगते।

चौड़ी चमाचम सड़कें, बारहखम्बे के गलियारे, कनॉट प्लेस के घने पेड़ों पर उड़ते तोते—यही तो याद आता है, जब उन दिनों की दिल्ली के बारे में सोचते हैं। इतने सालों बाद अचानक लगता है, जैसे उम्र का कुहरा छँट गया है और वह बस की खिड़की से धूप और हवा में बहता मजनूं का टीला, दरियागंज की दुकानें, इर्विन अस्पताल, मिंटो रोड का पुल और कनॉट प्लेस के गोल, सफ़ेद खम्बे देख रहे हैं...वह इतने भोले थे कि सोचते थे कि उन्हीं के कारण उसका नाम 'बारहखम्बा' पड़ा, जहाँ वह उन दिनों रहते थे।

वह स्कूल की बस ही तो थी, जिसमें ऊँघते हुए वह स्कूल से अन्तिम परीक्षा देकर लौटे थे। पन्द्रह-सोलह वर्ष की उम्र रही होगी तब। घर आकर वह पूरा दिन और रात सोते रहे थे।

शुरू जवानी की नींद और वह भी इम्तहानों के बाद! अमर बाबू झटके से जाग उठे, जैसे पुरानी नींद ही वहीं खिड़की के बाहर धूप की तरह फैली हो! अप्रैल की धूप, जब उनके बँगले की दीवारों पर बुगुनबेलिया के फूल लहकते थे। उनके पिता को वह बँगला सरकारी

सर्विस के आख़िरी वर्षों में मिला था। बड़ा-सा लॉन, जामुन और सेमल के पेड़ और खुले बरामदे। उन दिनों लगता था, जैसे मिंटो रोड से इधरवाली दिल्ली इन्हीं बँगलों में बसी है और उधरवाली दरियागंज, लालक़िला, दरीबा कलाँ और कश्मीरी गेट में, जहाँ पुराने इतिहास की छायाएँ रेंगती थीं...

पार्टीशन था, तो पुरानी और नई दिल्ली के बीच जिसे ताँगे या बस में बैठकर पार करना होता था। कोई उन्हें किसी और पार्टीशन पर लिखने के लिए कहेगा, वह भी बरसों बाद, ऐसा तो उन्होंने सपने में भी नहीं सोचा था।

अमर बाबू ने एनसाइक्लोपीडिया से सिर उठाया और खिड़की के बाहर देखने लगे, जहाँ पीपल के पेड़ धूप में चमक रहे थे। वह मुस्कराने लगे। याद आया, साइकिल तो उन्हें बाद में मिली थी।

हायर सेकेंड्री रिज़ल्ट आने पर जब बाबू ने माँ से कहलाया कि क्या लेना चाहोगे, माँ ने उन्हें मेरी इच्छा बता दी—"स्केट्स।"

बाबू कुछ असमंजस में माँ को देखने लगे। दूसरे कमरे से मुझे बुलाया गया। जब मैंने दुबारा अपनी इच्छा जताई तो भभक पड़े—

"स्केट्स लेकर क्या करोगे? यहाँ कोई बर्फ़ जमती है?"

मैं हँसने लगा—"नहीं, मैं आइसस्केटिंग की बात नहीं कह रहा, ये स्केट्स तो नंगे फ़र्श पर, सड़क पर, कहीं भी चला सकते हैं।"

माँ के मनाने पर बाबू मान तो गए, इस शर्त पर कि मैं स्केट्स सड़क पर नहीं चलाऊँगा। चलाऊँगा तो सिर्फ़ घर के बरामदे या गलियारे में...और वह भी तब, जब वह ऑफ़िस चले जाएँगे...उसके पहियों की कर्कश आवाज़ उनके कान में नहीं जानी चाहिए।

यह तो मैं पहले से ही जानता था। घर का नाम तो मैंने सिर्फ़ बाबू को बरगलाने के लिए कहा था...मुझे मालूम था, किस जगह ने स्केट्स जैसी चीज़ लेने के लिए मुझे लालायित किया था।

वह जगह थी, प्लाज़ा सिनेमा के पीछेवाली सँकरी लेन। उन दिनों भी उसे प्लाज़ा के नाम से ही बुलाया जाता था। लेन के भीतर से जो आवाज़ें, चीख़ें, हँसी के फव्वारे सुनाई देते थे कि वहाँ से गुज़रते हुए उनके पैर बरबस ठिठक जाते थे। समूची देह में एक सनसनी-सी होने लगती थी। पैर आगे बढ़ जाते थे, दिल पीछे छूट जाता था। बरसों बाद भी अमर बाबू उन आवाज़ों की खनखनाती गूँज अपने भीतर सुन सकते थे।

कितना अजीब था। अगर आज उन्हें वह गुमनाम चिट्ठी न मिलती, तो उन्हें वह स्केटिंग का रिंक बिलकुल भूल जाता, जो आज विस्मृति की शान्त झील की सतह से अचानक ऊपर चला आया था। ज़हीर भाई ही तो उन्हें पहली बार वहाँ ले आए थे।

ज़हीर भाई मेरे दोस्त भी नहीं थे, वह दो दर्जा ऊपर थे और हमेशा भाई साहब के साथ दिखाई देते थे। जब वह हमारे घर आते, भाई साहब सीधा उन्हें अपने कमरे में ले जाते। पता नहीं घंटों बैठकर वे क्या बातें करते थे! एक बार दबे पाँव उनके कमरे के पिछवाड़े गया था, खिड़की के शीशे से भीतर झाँका तो देखकर मन दहल-सा गया—दोनों कैरम बोर्ड

के आमने-सामने बैठे थे और सिगरेट पी रहे थे। मैं जैसे आया था, वैसे ही भागता हुआ उलटे पैर लौट गया और जल्दी से जाकर अपने लॉन की कुर्सी पर बैठ गया।

कुछ देर बाद मैंने देखा, ज़हीर भाई लॉन के पेड़ों के बीच से चलते हुए मेरे पास आ रहे हैं। मैंने और भी ध्यान से अपनी आँखें किताब में गड़ा लीं, जैसे किताब के अलावा मेरा बाक़ी दुनिया से कोई वास्ता न हो।

"क्या पढ़ रहे हो?"

उनकी आवाज़ में एक अजीब-सा भारीपन था, बड़प्पन भी और एक हँसोड़ क़िस्म का हल्कापन भी—जो मैंने भाई साहब के दूसरे दोस्तों में कभी नहीं देखा था...और भाई साहब में तो बिलकुल नहीं।

मैंने उन्हें किताब का टाइटल दिखा दिया—अलेक्जेंडर ड्यूमा का 'थ्री मस्केटियर'।

"कैसा लग रहा है?"

मैंने सिर हिलाया।

"गूँगे हो? बोलते क्यों नहीं? "

मेरा चेहरा लाल हो गया और गाल जलने लगे। मैं खिसियाता हुआ हँसने लगा।

"हमारे साथ चलोगे?"

इस बार मेरी बोलती बाहर आई, "कहाँ?"

"चलिए जनाब," उन्होंने मुझे ज़बरदस्ती कुर्सी से उठा लिया, "यहीं सब जान लेना चाहते हो?"

कुछ ही देर में भाई साहब भी बँगले से बाहर आते दिखाई दिये। उन्होंने कपड़े बदल लिये थे...खाक़ी क़मीज़ के कॉलर खुले थे जहाँ से उनकी छाती के काले रोएँ दिखाई दे रहे थे।

"यह भी हमारे साथ आ रहा है।"

भाई साहब ने कुछ सन्देह से मुझे देखा, जैसे उन्हें विश्वास न हो कि यह घरघुस्सू लड़का स्कूल से बाहर भी कहीं जा सकता है।

"तैयार हो लूँ," मैंने भाई साहब का अनुमोदन पाने के लिए कहा।

"अरे, ऐसे ही चल...कोई फ़ैंसी ड्रेस की परेड में थोड़े ही जाना है। बस, जूते पहन आओ...इन चप्पलों में वे तुम्हें अन्दर नहीं आने देंगे।"

अमर बाबू हठात् ऊँघते हुए जाग गए...

पार्टीशन के दिनोंवाली दिल्ली? यही तो थी वह—ख़ाली शान्त सड़कें, दुलहन की तरह सजे गुलमोहर की लताओं से ढके बँगलों के फाटक, लम्बे लॉन और जामुन के पेड़ों के नीचे जाती हुई ज़हीर भाई की साइकिल जिसकी पिछली सीट पर मैं बैठा था। वह और बड़े भाई साहब सीटी बजाते हुए जा रहे थे। जब ट्रैफ़िक लाइट पर पुलिसमैन दिखाई देता, तो ज़हीर भाई उतर जाते, ख़ुद पैदल चलते हुए मुझे साइकिल समेत कुछ दूर धकेलते रहते और जब पुलिस की आँखों से दूर हो जाते तो फिर उचककर अपनी सीट पर जा धँसते और इस तरह चढ़ते-उतरते, लस्तम-पस्तम हम वहाँ पहुँचे जिसका उस दिन तक मुझे कोई पता नहीं था। और जहाँ मैं पहले कभी नहीं गया था।

आज अमर बाबू सोचते हैं, तो आँखों के सामने चरखी-सा घूमता हुआ एक विराट हॉल दिखाई दे जाता है—सचमुच घूमता हुआ, जबकि घूम वह नहीं रहा था, उसके बीच स्केट्स पहने लड़के-लड़कियाँ चक्कर लगा रहे थे। स्केटिंग रिंक के चारों तरफ़ लोहे की रेलिंग लगी थी, जिसके पीछे हरी बेंचें रखी थीं, जहाँ दर्शकों की भीड़ थी—उतनी ही घनी, जितनी स्केटिंग रिंक के भीतर। चारों तरफ़ लाउडस्पीकर लगे थे,

वहाँ से संगीत सुनाई दे रहा था।...अमर बाबू भूल जाते कि वह कहाँ हैं, अगर उन्हें धीमा-सा धक्का न लगता :

"देखो, हम वहाँ बैठे हैं...खो मत जाना।"

भाई साहब कोनेवाली बेंच की ओर जा रहे थे, जो ख़ाली पड़ी थी। लेकिन ज़हीर भाई? उनका कोई पता नहीं था। कुछ देर बाद मैंने देखा, वह आइसक्रीम के तीन कोन लेकर चले आ रहे हैं। मेरे पास आकर पूछा, "पहले खा लो, फिर स्केटिंग करना।"

मैं अजीब संकोच और असमंजस में उन्हें देखने लगा, "मुझे स्केटिंग नहीं आती।"

ज़हीर भाई ने कुछ आश्चर्य से मेरी ओर देखा, "नहीं आती, क्या मतलब?"

तभी पीछे से दो लड़कियों ने ज़हीर भाई की पीठ को पकड़ लिया। वे स्केटिंग करती हुई आई थीं और ज़हीर भाई को हिला रही थीं।

वह मुड़ गए, "पगली हो, गिर जाती तो क्या होता?"

उनके आइसक्रीम के बारे में कहा था, लड़कियों के गिरने की कोई आशंका नहीं थी। वे आइसक्रीम खाती हुई उसे देख रही थीं—बड़ी लड़की के चेहरे पर हल्की-सी मुस्कराहट थी, पर छोटी लड़की बहुत गम्भीर थी, चुपचाप आँखों से उसे घूर रही थी।

"आप स्केटिंग नहीं करते?" बड़ी ने पूछा।

मैंने पहली बार अपने लिए 'आप' का सम्बोधन सुना था... और मुझे लगा, मैं सचमुच पहले से कुछ बड़ा हो गया हूँ।

"इसीलिए तो इन्हें यहाँ लाया हूँ," ज़हीर भाई ने कहा, "इन साहबज़ादे को तो किताबों से ही छुट्टी नहीं मिलती...तुम्हें सिखानी होगी।"

इस बार छोटी लड़की की उदासीनता थोड़ी-सी पिघली...उसे शायद मुझ पर दया-सी आई।

"आप मेरे स्केट्स लेंगे?" उसने कहा, "मैं अब और नहीं करूँगी।"

"नहीं, नहीं, आज नहीं," मैंने कहा, "मैं फिर किसी दिन आऊँगा।"

वे दोनों वहीं लोहे की तार पकड़े ज़हीर भाई और भाई साहब के साथ बात करती रहीं...और फिर कुछ देर बाद स्केटिंग रिंक की भीड़ में लुप्त हो गईं।

वे ज़हीर भाई की बहनें हैं, यह मुझे बाद में पता चला। परिचय कराना तो दूर, ज़हीर भाई उनका नाम भी मुझे बतलाना भूल गए थे। बाद के दिनों में जब मैं उन्हें जानने लगा, तब यह बहुत अजीब होता, अगर मैं उनसे ही उनका नाम पूछता। मैं उन्हें आख़िर तक 'बड़ी' और 'छोटी' ही कहता रहा और इससे पहले मैं उनका नाम जान पाता, वे, मैं...

अमर बाबू की आँखों के सामने एक झीना-सा परदा उतर आया :

कितने लोगों के नाम हमें याद नहीं रहते। पानी बह जाता है। हम चलते-चलते ठिठक जाते हैं। कुछ याद आता है, हम नीचे झाँकते हैं, और हठात् भुलावे के प्रवाह में उनके चेहरे दिखाई देते हैं।

वही तो हैं, हमें याद आता है, लेकिन तभी वे बह जाते हैं और हम फिर चलने लगते हैं।

अब याद आता है स्केटिंग रिंक से लौटने के बाद ही मेरा हायर-सेकेंड्री का परिणाम निकला था। सिर्फ़ कुछ नम्बरों के सहारे मैं फ़र्स्ट डिवीजन में चला आया था, जो मेरे लिए तो आश्चर्य था ही, बाबू के लिए तो बिलकुल अप्रत्याशित था। वह मेरे क्लास की रिपोर्ट शायद ही कभी देखते थे। एक सरसरी निगाह डालकर पुराने नवाबों की तरह आँखें मूँदकर दस्तख़त कर देते थे, पर इस बार वह कुछ होश में आए...

मुझ पर उन्हें ज़्यादा भरोसा नहीं था, पर भला अंग्रेज़ी अख़बार में मेरा नाम कैसे ग़लत छप सकता है? इसीलिए जब उन्होंने माँ से पूछा...वह सीधे मुझसे कुछ नहीं पूछते थे, माँ ही हमारे बीच मिडिल मैन, या कहें, मिडिल वुमैन का काम करती थीं कि मैं क्या कुछ लेना चाहूँगा, तो माँ को जो मैंने पहले से ही पाठ पढ़ाया था, वह उन्होंने दुहरा दिया। पहले तो उन्होंने आनाकानी की, पर जब माँ अड़ी रहीं तो मान गए।

बड़े भाई साहब को जब पता चला तो वह ग़ुस्साने लगे, "तुम तो कहा करते थे कि अगर पास हो गए, तो तुम शेरलोक होम्स के उपन्यासों का पूरा सेट ख़रीदोगे...अब क्या हुआ?"

"वह तो मैं कॉलेज की लाइब्रेरी से भी लेकर पढ़ सकता हूँ।"

"हाँ, क्यों नहीं, यह ख़याल तुम्हें पहले नहीं आया?"

मैं तब उन्हें कैसे बताता कि मैं जिस उम्र में था, वहाँ कोई भी ख़याल कहाँ से आता है, इसका पता कोई शेरलोक होम्स भी नहीं लगा सकते थे। भाई साहब जिस मूड में थे, भला मेरे साथ क्या जाते, इसीलिए मैंने ज़हीर भाई के साथ ही अपने नये स्केट्स ख़रीदने का फ़ैसला किया था।

स्केट्स ख़रीदकर दुकान से निकले तो ज़हीर भाई मुझसे भी ज़्यादा ख़ुश दिखाई दे रहे थे। स्केट्स का डिब्बा उन्होंने अपने हाथ में ही पकड़ रखा था। वह लम्बे डग भरते हुए स्केटिंग रिंक की तरफ़ जा रहे थे। वह ख़ुद काफ़ी लम्बे थे—लम्बे और दुबले-पतले। चेहरे का रंग निखरा हुआ था। वह कहीं भी हों, ऐसा लगता था, सीधे रोशनी उनके चेहरे पर चमचमा रही है। सिर्फ़ छोटी बहन उन पर गई थी। क़द-काठी उसकी भी ज़हीर भाई पर गई थी, जबकि बड़ी उससे छोटी जान पड़ती थी। कभी-कभी तो स्केटिंग रिंक में घूमते हुए लोगों की भीड़ में मैं पहचान भी नहीं पाता था, कौन बड़ी है, कौन छोटी है, जब तक वे मेरे बिलकुल सामने नहीं आ जाती थीं।

सहसा बीच सड़क पर ज़हीर भाई ठिठक गए। मेरे कन्धे पर हाथ रखा। वह मुस्करा रहे थे।

"उन्हें मत दिखाना...जब पहनकर तुम रिंक में जाओ, तभी उन्हें पता चलना चाहिए—इट वुड बि ए सरप्राइज़..."

मेरा दिल डूबने लगा।

"घबराओ नहीं...वे तुम्हें दो दिन में ही सिखा देंगी।"

"ज़हीर भाई, आप मुझे नहीं सिखा सकते?"

"यार, कमाल करते हो!" वह हँस रहे थे।

ऊपर सीढ़ियाँ चढ़कर रिंक में आए तो डर कुछ कम हुआ। उस दिन पहले जैसी भीड़ नहीं थी। सिर्फ़ कुछ स्कूली लड़के जो स्केटिंग कर रहे थे, वे भी मेरी तरह निखट्टू-से ही दिखाई दे रहे थे।

ज़हीर भाई ने ही मेरा टिकट ख़रीदा। कोने में ले जाकर जूतों के नीचे स्केट्स को क़रीने से कसकर बाँध दिया, और मुझे लेकर रिंक में आए। मुझे कुछ वैसा ही डर लग रहा था, जैसे किसी बकरे को बलि के लिए ले जा रहे हों।

मैंने रिंक पर लगे लोहे के तार को पकड़ लिया। उसके सहारे धीरे-धीरे अपने स्केट्स पर चलने लगा। मैं थोड़ा निश्चिन्त हो चला था। दूर खड़े ज़हीर भाई हाथ हिलाते हुए मुझे शाबासी-सी दे रहे थे, जिससे मेरा हौसला और भी बुलन्द हो गया था।

तभी मुझे अपने कन्धे पर एक हल्की-सी छुअन महसूस हुई। पीछे देखा तो छोटी अपनी बड़ी-बड़ी आँखों से निहार रही थी और बड़ी के होंठों पर छोटी-सी मुस्कान तैर रही थी।

मैं अपने को सँभाल नहीं पाया और स्केट्स के साथ ही रिंक के फ़र्श पर धड़ाम से जा गिरा। दिन में तारे कैसे दिखाई देते हैं, यह पहली बार मैंने रिंक की छत पर देखा था, जिस पर बिजली की रोशनियाँ जगमगा रही थीं। और वे...

वे दोनों वहाँ नहीं थीं। सिर्फ़ उनके हाथ थे, जिनके सहारे मैं धीरे-धीरे ऊपर उठ रहा था।

अमर बाबू ने चौंककर चारों तरफ़ देखा...नहीं, दोपहर की उनींदी घड़ी में कोई उन्हें नहीं देख रहा था। लाइब्रेरी में उन्हीं की तरह इक्के-दुक्के पेंशनयाफ़्ता बूढ़े या बेरोज़गार युवक अपनी पत्रिकाओं के पन्ने उलट-पलट रहे थे। लम्बी काँच की खिड़की के पीछे पीपल के पत्ते नवम्बर की धुंध में चमक रहे थे और पीछे की टहनियों पर ढलती दोपहर की छाया उतर आई थी। वह इस पेड़ को पिछले कितने बरसों से देखते आए थे—गर्मियों की लम्बी दोपहरी में, वसन्त के छुईमुई दिनों में, और अब जाड़े के पहले के पतझड़ी चमकीले मौसम में।

सहसा उनकी आँखें अपनी चिट्ठी पर पड़ गईं :

"वैसे भी मेरी याददाश्त कमज़ोर पड़ गई है..."

क्या यह सिर्फ़ बहाना था, याद करने का? भूल जाने का? आदमी बहुत कुछ भूल जाता है, लेकिन अपनी शर्म नहीं। रात को नींद न आने पर, सड़क पार करते हुए या लाइब्रेरी में ऊँघते हुए वह बिना किसी चेतावनी दिये अचानक दिखाई दे जाती है और हमें लगता है, हम वैसे ही हैं, जैसे वर्षों पहले के नाज़ुक, कातर, शर्मीले, और गुज़री हुई उम्र सिर्फ़ ऊपर का पानी है जिसके नीचे छुपी शर्म की फाँस वैसे ही गड़ती है, जैसे बीच में कुछ भी नहीं बीता...

वह वैसे ही नीचे पड़े हैं, जैसे उस दिन, जब बड़ी ने उनका हाथ पकड़कर ऊपर उठाया था और छोटी ने अपनी चुन्नी से उनके पैंट की गर्द को झाड़ा था।

"अब आप जल्दी ही सीख जाएँगे...पहली बार सब ऐसे ही गिरते हैं," बड़ी ने मुस्कराते हुए कहा, "याद है, तुम कैसे गिरती थीं?" उसने छोटी को देखा।

"और आप?"

दोनों ही हँस रही थीं—मुझ पर नहीं, एक-दूसरे पर, ताकि मैं जल्दी-से-जल्दी अपने को भूल सकूँ।

शायद इसीलिए उन्हें कुछ याद नहीं आता—आनेवाले दिनों में वह न सिर्फ़ अपने को भूल गए, बल्कि उस दुनिया को भी जिसमें न जाने कितना कुछ हो रहा था।

कुछ दिन बाद जब भाई साहब ज़हीर भाई के साथ आए, तो उन्हें सचमुच मुझे देखकर काफ़ी हैरानी हुई...भाई साहब को सबसे ज़्यादा, क्योंकि वह मुझे किताबी कीड़े से ज़्यादा अहमियत नहीं देते थे, वह कीड़ा अब किताबों पर रेंगने के बजाय बाहर रिंक के चिकने चमकते फ़र्श पर स्केट्स के पहियों पर पनचक्की-सा घूम सकता है, उन्हें विश्वास नहीं हुआ। मुझे पास बुलाकर कहा, "अब तो तुम सरकस में भी नौकरी कर सकते हो...गिरे-विरे तो नहीं?"

मैंने झूठ में सिर हिलाया। वहाँ सबके सामने अपने पैंट के पायँचे उठाकर अपनी नंगी टाँगों और घुटनों पर खुदी चोट की खरोंचें कैसे दिखलाता?

"तुम्हारे कॉलेज से एडमिशन के पेपर आए हैं...भरकर भेजना होगा। अब तो तुम घर में दिखाई नहीं देते?" उनके स्वर में हल्का-सा गर्व भी था और उलाहना भी।

मुझे शहर के ऐसे कॉलेज में दाख़िला मिल रहा था, जिसमें वह नहीं जा सके थे। इतने में छोटी स्केटिंग करती हुई आई और मेरा हाथ घसीटती हुई ले गई, "इन्हें अभी माफ़ कीजिए। यह हमारा गेम छोड़कर आए हैं।"

छोटी के लिए मैं अजूबा था। कोई दिन ऐसा नहीं जाता था कि वह मुझे कोई नया करतब नहीं सिखाती थी। मुझे पहली बार पता चला कि पैरों पर बँधे पहियों की दुनिया उतनी ही निराली, सनसनीख़ेज़ हो सकती है जितनी समुद्र के भीतर रहनेवाले जीव-जन्तुओं की। अब तक स्कूल की कॉपी में मैं सिर्फ़ ज्योमेट्री के कोण, त्रिकोण बनाता आया था, मुझे क्या पता था कि स्केटिंग रिंक के फ़र्श पर पहियों से कितने जादुई पैटर्न बन सकते हैं! छोटी मेरा हाथ पकड़कर फिरकनी की तरह घुमाती रहती थी। उसकी साँसें मुझे झुलसाने-सी लगतीं और जब मैं थक जाता तो उसकी आँखें बचाकर चुपके से रिंक के बाहर निकल आता।

यहाँ-वहाँ अक्सर बेंच पर बड़ी बैठी दिखाई दे जाती। वह स्केट्स को उतारकर अलग रख देती और जब मैं उसे दिखाई देता तो एक छोटी-सी मुस्कराहट उसके पीले चेहरे पर दिखाई दे जाती।

"आज इतनी जल्दी आ गए?"

"जल्दी कहाँ..." मैं उनके पास बेंच पर बैठ गया, "एक घंटे से ज़्यादा हो गया।" मैंने कलाई पर लगी सस्ती घड़ी को देखा जो माँ ने अपने पैसों से बापू से छिपाकर मुझे दी थी, "आज तो आप बिलकुल दिखाई नहीं दीं।"

"आजकल मैं थक जाती हूँ। मुझे देखना ही अच्छा लगता है। आप तो बिलकुल कमाल करते हैं।"

कमाल का शब्द उसके मुँह से कुछ हँसी, कुछ व्यंग्य, कुछ तारीफ़ में गुँथा आता था कि आज इतने वर्षों बाद भी अमर बाबू को किसी के मुँह से वह शब्द सुनाई देता है तो भीतर कहीं एक अजीब-सी टीस-सी

उठने लगती है, बड़ी का चेहरा सामने आ जाता है—गले के मफ़लर-सी बँधी हुई चुन्नी, चौड़े ललाट पर पसीने की बूँदें, गालों पर सुलगते सुर्ख़ी के गड़हे! लेकिन बाक़ी चेहरे पर एक अजीब-सा सूनापन जो उन्होंने पहली बार तब देखा था जब बड़ी ने उन्हें फ़र्श से उठाया था। तब उसे धुर सामने देखकर उन्होंने पहली बार अपने भीतर की धुकधुकी सुनी थी, हालाँकि दिल तो शायद बहुत पहले से धड़कता आया था।

"छोटी आपकी बड़ी बातें करती हैं...ज़हीर भाई के दोस्तों में आप सबसे अलग हैं।"

"अलग कैसे...शायद सबसे ज़्यादा भोंदू।"

"नहीं-नहीं," वह हँसने लगी।

"नहीं, सच!" मैंने कहा, "उसने मुझसे ख़ुद कहा था जब वह मुझे स्केटिंग सिखाती थी।"

"वह सबके ऐसे ही नाम रखती है। जानते हैं, मुझे क्या कहती है?"

मैंने उत्सुकता से उन्हें देखा, "क्या कहती है?"

"पोटली।"

"वह कैसे?"

"कहती है, जहाँ मैं जाती हूँ, पोटली-सी बैठ जाती हूँ। उठने का नाम नहीं लेती।"

कुछ देर बाद छोटी आ गई। जल्दी-जल्दी स्केट्स उतारे और बड़ी का हाथ पकड़कर बेंच से उठाया।

"आज बहुत देर हो गई। जल्दी चलिए, नहीं तो ज़हीर भाई फ़रमान लेकर आ पहुँचेंगे।"

सीढ़ियों से उतरकर वह उस गली में आते थे जो आज भी वैसी ही है, प्लाज़ा सिनेमा के पीछे—जहाँ साइकिल स्टैंड थे। साइकिल पर चढ़ते ही वे पीछे मुड़कर देखती थीं, जहाँ वह उनको शाम के धुँधलके में धीरे-धीरे धुँधला होते देखा करता था।

अमर बाबू को कभी-कभी लगता है, वह आज भी वहीं खड़े हैं। आकाश में उड़ते हुए तोतों को देख रहे हैं जो उन दिनों कनॉट प्लेस के पेड़ों पर एक बवंडर-सा मचाते हुए उड़ते थे।

घर लौटते ही वह अपने कमरे में चले जाते थे। बत्ती जलाते थे, जिससे किसी को पता न चले कि वह लौट आए हैं। बिना कपड़े बदले बिस्तर पर पसर जाते थे। उन्हें लगता, भीतर बहुत-से दरवाज़े हैं—एक खुलता, तो दूसरे की खड़खड़ाहट सुनाई देती, जैसे छोटी ने दरवाज़ा खोला है, लेकिन देहरी पर बड़ी दिखाई देती। एक से बातें करते, तो दूसरी की आँखें पीठ पर गड़ती-सी जान पड़तीं। कमाल है, बातें मुझसे करते हो, सुनते कुछ और हो। भोंदू लोग इतने बड़े होकर भी ऐसा ही करते हैं। स्केटिंग मुझसे सीखी, बैठते बड़ी के पास हो, ये बातें मन में आती थीं या उन्होंने कभी कहीं सुनी थीं और अब अकेले कमरे में उनको देख रहे थे। उन्हें यह अजीब लगता था कि दूसरों के साथ जो हम बातें करते हैं, वही अकेले होने पर दिखाई देने लगती हैं और बड़ी की चुप्पी सबसे ज़्यादा जो हर दिन मिलने पर और भी ज़्यादा गहरी होती जाती थी।

उस दिन जब मैं उसकी बेंच के पास आया तो हैरानी हुई... सलवार-क़मीज़ की जगह उसने पैरों तक चौड़े घेरेवाला स्कर्ट पहन रखा था। ऊपर काले रंग की ओढ़नी से अपने को ढक रखा था।

"आप स्केटिंग नहीं करेंगी?"

"नहीं," उसने सिर हिलाया। "आज मैं सिर्फ़ देखने आई हूँ।"

"क्या तबीयत ठीक नहीं है?" मैं उनके पास बेंच पर बैठ गया।

वह चुप रही।

छोटी रिंक में आसपास मँडरा रही थी। उसने हमें एक बार देखा और फिर भीड़ में गुम हो गई।

"ज़हीर भाई नहीं आए हैं?" मैंने पूछा।

उसने सिर हिलाया, "उन्हें घर में पैकिंग करनी है।" उसने मुझे देखा, पहली बार पीले थके चेहरे पर मुरझाई-सी मुस्कराहट आई, "आप भी तो अब कॉलेज जाने लगे हैं।"

"अभी कहाँ, अभी तो सिर्फ़ एडमिशन हुआ है। कॉलेज खुलने में पूरा हफ़्ता बाक़ी है। आपने बताया नहीं, आप लोग कहीं जा रहे हैं?"

वह कुछ देर चुप बैठी रही, फिर सिर हिलाया जिसका मतलब कुछ भी हो सकता था।

"सुना है, आप बहुत पढ़ते हैं?"

मैं शर्मिन्दगी में हँसने लगा, "कौन कहता है?"

"ज़हीर भाई," वह हँसने लगी, "वह आपको किताबों से छुटकारा दिलाने ही यहाँ लाए थे।"

वह अपने बैग में कुछ टटोल रही थी।

"ये मैं आपके लिए लाई थी," कोई चीज़ रंगीन काग़ज़ के रैपर में लिपटी।

"क्या मैं खोल सकता हूँ?"

"अभी नहीं, घर जाकर देखिएगा।"

मैंने सिर उठाया, छोटी सामने खड़ी थी।

बड़ी ने भेद-भरी आँखों से उसे देखा। वह मुस्करा रही थी, जैसे उसे पहले से ही उस चीज़ का रहस्य मालूम हो!

उस शाम जब वे सीढ़ियों से उतरकर अलग हुए तो कुछ भी ऐसा नहीं था जो उन्हें सन्देह में डालता। साइकिलें लेकर जब वे जाने लगीं तो पीछे मुड़कर उन्होंने हमेशा की तरह हाथ हिलाया था। साधारण घटनाएँ जब होती हैं तो रोज़मर्रा जैसी मामूली जान पड़ती हैं, उन पर मँडराती अपशगुनों की छाया कहीं दिखाई नहीं देती। अरसे बाद जब हम याद करते हैं, बड़ी का बेंच पर चुप बैठे रहना, काग़ज़ में लिपटी किताब, छोटी का अलग उन्हें छोड़ देना—कितनी साधारण घटनाएँ अपनी तहों में कितने अजीब इशारे लपेटकर लाती हैं, यह बहुत बाद में पता चलता है।

पर एक अजीब-सा, शोक-सा बचा रहता है जो अपने-आप चला आता है। बस में बैठते ही मुझे लगा कि वह रंगीन रैपर में लिपटी चीज़ एक इशारा है। उसे खोलूँगा तो वह सब कुछ बाहर निकल आएगा जिसे हम अपने से छिपाकर रहते हैं—प्रेम, सुख, पीड़ा, पछतावा—जिनकी पोटली वह पीछे छोड़ गई थीं।

पोटली—यही तो छोटी ने उसको नाम दिया था, जो एक जगह रहती है तो उठने का नाम नहीं लेती और जब खो जाती है तो दुबारा कभी दिखाई नहीं देती।

लाइब्रेरी की रोशनियाँ जलने लगी थीं। खिड़की के परे पीपल का पेड़ अँधेरे में छिप गया था। अमर बाबू ने अपने आसपास की किताबें समेटकर अलग रख दीं—ऑक्सफ़ोर्ड डिक्शनरी, एनसाइक्लोपीडिया ब्रिटानिका, हॉलीवुड की पुरानी फ़िल्मों की रेफ़रेंस बुक, भारी-भरकम किताबें जिनकी आड़ में वह अपनी दुपहरें गुज़ारते थे। फिर उनकी नज़र उस पत्र पर गई जो आज ही उन्हें मिला था :

'पार्टीशन के दिनों में तो आप दिल्ली में ही थे, क्या आप उन दिनों के बारे में कुछ लिखकर भेज सकते हैं?'

अमर बाबू कुर्सी से उठे। धीरे-धीरे लाइब्रेरी की सीढ़ियाँ उतरने लगे।

['माध्यम' : अप्रैल-जून, 2002]

अब कुछ नहीं

कभी-कभी कुछ घटनाएँ एक साथ हो जाती हैं। उनके अचानक इस तरह मिलने से नियति की कौंध चमक जाती है, जो कब से अतीत की तहों में दबी थी। सामने कोई गड़हा खुल जाता; पाँव अपने-आप रुक जाते हैं। नीचे झाँकते हैं, तो पानी की सतह पर साँप-सी बलखाती रोशनी दिखाई देती है। क्या है यह? क्या स्मृति की इतनी पथरीली, इतनी फुत्कारती पुकार हो सकती?

मुनीश बाबू बीच मैदान में खड़े रहे। उन्हें कोई पुरानी आवाज़ सुनाई दी थी—ऊँची और कर्कश नहीं, फिर भी एक मन्द उच्छ्वास जैसी लपट लू के थपेड़े की तरह उनसे टकराई थी और उन्हें सुन्न छोड़कर जाने कहाँ लुप्त हो गई थी।

मैदान के जिस छोर से वह आवाज़ आई थी, वहाँ इतने बच्चे खेल रहे थे कि पता चलना मुश्किल था, वह किसकी है, किसने इतनी पुरानी टीस को राख के ढेर से बाहर निकाला है। मुनीश बाबू के साथ ऐसा तो कई बार हुआ था कि वह सोच कुछ और रहे हों और याद कुछ ऐसा हो आए,

जो बरसों पहले गुज़रा हो, जैसे मेज़ की दराज़ में आप ढूँढ़ कुछ और रहे हैं और हाथ में कोई ऐसी चीज़ पड़ जाए, जो मुद्दत पहले खो गई थी। किन्तु यह पहला मौक़ा था, जब चलते-चलते अचानक कोई फाँस करकी हो और वह एकाएक समझ न पाए कि वह कहीं बाहर से आई है, या पहले से कहीं उनके भीतर घुपी थी।

पर वह आवाज़? उसका भला इस धुँधली, धुँधुआती टीस से क्या रिश्ता हो सकता है? मुनीश बाबू कहीं और चले गए। घर के सामने ही तो वह मैदान था—चारों तरफ़ ब्राउन लकड़ी के तख़्तों से घिरा हुआ, ताकि मैदान को आसपास के जंगल से बचाया जा सके। स्कूल से लौटते हुए मुनीश बाबू किताबों-कॉपियों से ठुँसा बस्ता एक तरफ़ रख देते और ख़ुद अपने साथियों के साथ खेलने में खो जाते। वह तब ऐसी उम्र में थे, जब बचपन की खुली धूप मन्द पड़ने लगती है और किशोरावस्था के उठते ज्वार में एक के बाद दूसरी लहर सिर से गुज़र जाती है। कुछ भी टिकाऊ दिखाई नहीं देता। दोस्तों के चेहरे भी सिर्फ़ झिलमिलों में याद आते हैं—किसी की हँसी, किसी के बोलने का अन्दाज़, किसी के साथ रहने की नाज़ुक-सी ख़ुशी या अपने पुराने नाम से बुलाती हुई कोई आवाज़ जिसने आज उनके पैरों को सहसा रोक दिया था...

वह वहीं खड़े रहे—मैदान के बीचोबीच। अतीत की धुंध में वह चेहरा टिमटिमाता दिखाई दिया, जिसकी आवाज़ ने उन्हें इस तरह दहला दिया था। उसके जाने के बाद किसी ने उसे 'मुनी' के नाम से नहीं बुलाया। पता नहीं, उसे कैसे उनके घरेलू नाम का पता मिला था, जबकि वह उनके घर सिर्फ़ एक बार आया था।

पहली बार जब मुनीश बाबू ने उसे देखा था, तो उसकी भूरी आँखों ने सबसे पहले उनका ध्यान अपनी ओर खींचा था। वे एक वीरान, बनैले जानवर की याद दिलाती थीं—एक भूखी चमक में टिमकती, कुछ टोहती-सी। जंगल के जिस बीहड़ में वह पहली बार दिखाई दिया था,

मुनीश बाबू वहाँ कभी घर से भागकर जंगली बेर तोड़ने जाया करते थे। वे पीछे छिपे लम्बी घास, बेरों की घनी झाड़ियों और चट्टानों की गुफ़ाओं में घूमते रहते थे। उनके चारों ओर बाँस के जंगल घिर आए थे, पर बीच-बीच में चट्टानें अब भी सिर उठाकर धूप सेंकती दिखाई दे जाती थीं।

ऐसी ही एक चट्टान के पीछे से आता हुआ वह पहली बार दिखाई दिया था। उसके मुँह में एक तिनका था, हाथ में छोटी-सी पेड़ की एक टहनी थी, जिसे वह झाड़ियों से अटकाकर चल रहा था। सर-सर की सरसराहट हुई, तो मुनीश बाबू ने सिर उठाया। वह तिनका चबाता हुआ उनकी ओर देख रहा था।

बरसों बाद मुनीश बाबू आज भी याद कर सकते हैं—भीतर की उस कौंध को, जो पलक मारते ही सारी देह को चीर जाती है। डर? नहीं, डर नहीं, डर के हाशिये पर उभरती सिहरन जो साँप-सी सरकती हुई भीतर की धड़कन को दबोच लेती है। वह उन्हें देखता रहा और हवा में टहनी हिलाता रहा। उसके होंठ हल्के से खुलने लगे, अगर वह मुस्कराहट थी, तो बिलकुल निस्संग, जिसका बाक़ी चेहरे से कोई सम्बन्ध नहीं था।

उसकी आँखें मुनीश के रूमाल पर टिकी थीं, जिसकी बन्द गाँठों के बीच जंगली बेर झाँक रहे थे।

"क्या ये तोड़ने आए थे?"

वह क्या कहते जो उसे पहले से ही मालूम था।

"पहले भी आए हो?"

"कई बार!"

"कभी देखा नहीं।"

"तुम्हें भी नहीं!"

उसने सिर हिलाया, "मैं यहाँ का नहीं हूँ।"

यहाँ का नहीं? फिर कहाँ का? वह उसकी ओर ताकते रहे और तब उन्हें लगा, वह सचमुच यहाँ का नहीं है, जैसा वह दिखता है...चेहरे पर अजीब-सा दूरी का भाव, एक लापरवाही से उपजती उदासीनता, जो बचपन से अलग होते हुए भी बड़प्पन से अछूती रहती है—उसमें कुछ ऐसा था जो जितना अपनी तरफ़ खींचता था, उतना अपने पास आने से रोकता था।

उन्होंने अपना रूमाल उसके आगे कर दिया, "लोगे?"

उसने एक बड़ा-सा पका हुआ लाल बेर उनके रूमाल से उठाया और आँखों के पास लाकर जाँचने लगा—जैसे वह कोई बेर न होकर हीरा-मोती हो! फिर उसने उन्हें अपने साथ आने को कहा।

कुछ दूर चलकर वे एक मन्दिर के आँगन में चले आए, वहाँ पानी का पम्प लगा था। उसने उनके हाथ से रूमाल ले लिया और नलके की पतली धार से बेरों को धोने लगा।

उन्हें आश्चर्य हुआ, वह इतनी बार इस तरफ़ आए, पर पेड़ों से घिरा यह मन्दिर हमेशा उनकी आँखों से ओझल ही रहा, शायद जंगल के घने घटाटोप ने ही उसे अपने भीतर छिपा लिया था।

वे मन्दिर के पीछे चबूतरे पर बैठ गए। बीच में बेरों को रूमाल पर रख दिया। उसे कोई संकोच नहीं था। वह उतने ही सहज भाव से मुनीश बाबू के बेरों को खा रहा था, जैसे वह स्वयं उन्हें तोड़कर लाया हो!

"कहीं पास में ही रहते हो?" मुनीश बाबू ने उसकी ओर देखा।

वह कुछ देर बेर खाता रहा। फिर मुँह से एक गुठली बाहर फेंकते हुए कहा, "यहीं।"

"यहीं कहाँ, मन्दिर में?" उन्होंने कुछ हँसी में कहा।

पर वह नहीं हँसा। सिर्फ़ सिर हिला दिया। बेर ख़त्म हो जाने के बाद जब वे जाने लगे, तो उसने मुनीश बाबू का हाथ पकड़कर कहा, "वह छत देखते हो...मैं वहीं रहता हूँ।"

मन्दिर के अहाते के पास में ही वह एकमंज़िला मकान था। आगे छोटी-सी वाटिका और पीछे पहाड़ियों की उठान। मुनीश को थोड़ी हैरानी हुई, "अकेले रहते हो?"

"नहीं, अपने चाचा के साथ...वह इस मन्दिर के पुजारी हैं। जब कभी यहाँ आता हूँ, उन्हीं के साथ रहता हूँ।"

बाद में पता चला, उसका अपना घर सोलन में था। वहाँ वह अपनी माँ के साथ रहता था। जब कभी पुजारी जी को उसकी ज़रूरत पड़ती थी, तो अपने पास बुला भेजते थे।

कुछ देर तक वे चुपचाप चलते रहे। जंगलों की बीहड़ में साँय-साँय के अलावा कुछ सुनाई नहीं देता था। जब जंगल की सीमा पर बस्ती के घर दिखाई दिये तो वह रुक गया।

"मैं अब चलता हूँ..." उसने कहा।

मुनीश बाबू ने कुछ हैरत में उसे देखा। उनके दोस्त शाम की घड़ी में घर से बाहर निकलते थे और वह घर लौट रहा था।

"खेलने नहीं आओगे?"

उसने सिर हिलाया, "मुझे काम है। चाचा इन्तज़ार में बैठे होंगे।"

काम हो सकता है, मुनीश के लिए यह नया अनुभव था। सोचा, जाने से पहले पूछें, अब फिर कब मिल सकते हैं। पर वह मुड़ गया था, हवा में एक अजीब रेंगती-सी आवाज़ सुनाई दी...। वह लड़का सीटी बजाता हुआ चल रहा था। उसने पीछे मुड़कर भी नहीं देखा, वह जैसे अकस्मात् मिला था, वैसे ही खो गया था।

दिन बीतने लगे। मुनीश बाबू उसे भूलने लगे। पर शायद वह 'भूलना' नहीं था, सिर्फ़ ओझल हो जाना था। जिस उम्र में मुनीश बाबू थे, वहाँ 'अतीत'

जैसी कोई चीज़ नहीं थी, इसलिए स्मृति भी नहीं बनती थी। वहाँ हर घटना एक बार होकर न होने के अँधेरे में छिपी रहती थी और कभी मौक़ा पाकर पकड़ लेती थी, जब हम उसके रास्ते में अचानक पड़ जाते थे।

यह मौक़ा तब आया, जब एक दिन वह स्कूल से लौट रहे थे। स्कूल पहाड़ी पर था। घर पहुँचने की जल्दी में वह अक्सर जंगल के भीतर शॉर्टकट पतली-सी पगडंडी भागते हुए पकड़ लेते थे। वे पगडंडियाँ पता नहीं कितने हज़ार वर्षों से यात्रियों को ऊपर से नीचे और नीचे से ऊपर ले जाती रही थीं। मुनीश बाबू अक्सर अपने सहपाठियों के साथ स्कूल से लौटते थे, पर उस रोज़ देर हो जाने से वह अकेले ही बस्ता झुलाते हुए, पेड़ों और पक्षियों का मुआयना करते हुए, पगडंडी पार कर रहे थे। तभी झाड़ी के पीछे उन्हें हल्की-सी सरसराहट सुनाई दी। वह थोड़ा आगे बढ़े ही थे कि उन्हें लम्बी घास के झुरमुट में कोई जानवर भागता दिखाई दिया...जो गीदड़ या लोमड़ी जैसा जान पड़ता था। वह आगे भागते हुए बार-बार पीछे की ओर देख लेता था; तभी पीछे से तीर की तरह सनसनाता हुआ हवा में एक पत्थर दिखाई दिया, पर जानवर का कहीं पता नहीं था। वह जंगल की घनी निविड़ता में कब का ओझल हो चुका था। सिर्फ़ बाँस के सरकंडों के बीच एक सिर ऊपर उठा था। वही भूरी टोहती आँखें, लम्बी तनी हुई गर्दन और गले में झूलता रंगीन रूमाल; भटकती आँखें आख़िर मुनीश बाबू पर आकर टिक गईं।

वह झाड़ियों से बाहर आया। निकर के नीचे नंगे घुटनों पर सफ़ेद खरोंचों का जाल बिछा था। हाथ में गुलेल थी, जिस पर काले रबड़ का फन्दा धूल में सना डोल रहा था। मुनीश को देखकर मुस्कराया, "यहाँ कैसे?" फिर उसकी आँखें उनके बस्ते पर पड़ीं जिसके आधे खुले मुँह से कॉपियाँ-किताबें बाहर झाँक रही थीं।

"इतने दिन कहाँ रहे?"

"यहीं था...एक दिन तुम्हारे घर गया था।"

"कब?" मुनीश बाबू ने विस्मय से उसे देखा।

"तुम्हारी माँ जी ने बताया, तुम प्ले-ग्राउंड में हो।"

"तुम वहाँ क्यों नहीं आए?"

"तुम अपने दोस्तों के साथ थे।"

मुनीश बाबू के भीतर कुछ सिहर-सा गया। किसी नई कच्ची-सी चीज़ ने उनके भीतर सिर उठाया, जैसे पहली बार उसने रोशनी देखी हो—दोस्तों की दुनिया से अलग, शान्त सरोवर पर तैरती हुई। उस समय वह उसे कोई नाम नहीं दे सके। न ख़ुशी, न उल्लास—सिर्फ़ एक सहमी-सी घबराहट, जब कोई बहुत नाज़ुक-सी चीज़ हमारे हाथ में आ जाती है—हम उसे पकड़े रहते हैं, ज़्यादा सख़्ती से नहीं कि कहीं टूट न जाए, इतनी धीमे से भी नहीं कि कहीं हाथ से छूट गई; तो कभी फिर नहीं मिल पाएगी।

"आओ, तुम्हें एक चीज़ दिखाऊँ..."

वे कुछ दूर एक सीधी उठान पर चलते रहे...फिर सहसा एक लम्बी-सी चट्टान दिखाई दी—लेटी हुई, जैसे वह कोई पत्थर की शिला हो! नीचे अँधेरा गड्ढा था; चारों तरफ़ पत्थरों की फेंस लगी थी। मुनीश बाबू ने नीचे झाँका और जब कुछ दिखाई नहीं दिया, तो उसकी ओर देखा...

"यहीं से काली की मूर्ति को ऊपर लाया गया था," उसने कहा।

"कैसी मूर्ति?"

"तुमने मन्दिर में नहीं देखा—काली देवी को? वह यहीं से तो ऊपर आई थीं।"

"तुम्हें कैसे पता चला?"

"चाचा बताते हैं—उनसे पहले एक बंगाली बाबा पुजारी थे, जिन्हें कलकत्ता से बुलाया गया। उनको कोई सपना आया था कि काली की मूर्ति यहाँ दबी है; यहाँ आकर उन्होंने खुदाई शुरू की, तो यह मूर्ति बाहर निकली...बाबा को देखकर वह मुस्कराने लगी। पास से देखो तो वह मुस्कराहट अब भी दिखाई दे जाती है।"

मुनीश बाबू ने पहली बार उसे ध्यान से देखा, बचपन के दिनों में हम दूसरों के चेहरों पर कुछ ऐसा पा लेते हैं, जो बाद के दिनों में झूठा पड़ता जाता है। उसमें भी कुछ ऐसा था—कुछ अधीर और अधूरा-सा, जो बनते-बनते आख़िर तक अनगढ़-सा रह जाता है।

क्या यही कारण था कि इतने वर्षों बाद भी मुनीश बाबू को नरीन का चेहरा पानी में तैरता-सा दिखाई पड़ता है?

उसने कैसे अपना नाम बताया था, मुनीश बाबू को यह भी याद नहीं आता। वे स्कूल की छुट्टियों की बात कर रहे थे। मुनीश बाबू छुट्टियों को हमेशा बर्फ़ से जोड़ते आए थे। यह तो उन्हें बहुत बाद में पता चला कि छुट्टियाँ उन शहरों में भी होती हैं, जहाँ बर्फ़ नहीं गिरती।

"सोलन में गिरती है?"

"हाँ, गिरती तो है..." उसने कहा, "पर मैंने स्कूल जाना छोड़ दिया...अब मैं नहीं जाता।"

"स्कूल नहीं जाते, तो क्या करते हो?"

"खेती का काम—माँ के साथ।"

'और तुम्हारे पिता?' वह पूछना चाहते थे, पर क्योंकि उसने कुछ नहीं कहा, इसलिए वह भी चुप रहे।

"क्या वह अकेली रहती हैं?"

"और कौन?" वह हँसने लगा, "मैं भी तो हूँ।"

यह शुरुआत थी, उनके साथ होने की, जिसमें चुप्पी बातों को ढकती नहीं, उन्हें सिर्फ़ अलग छोड़ देती है और वे धीरे-धीरे बिना बोले अपने-आप खुलती जाती हैं।

यही चीज़ शायद उसे उनके दूसरे सहपाठियों से इतना अलग कर देती थी। वह एक साथ बड़ा भी था, छोटा भी; जिनके पिता नहीं होते, वे शायद ऐसे ही होते हैं। उम्र एक जगह ठिठकी रह जाती है और वे आगे बढ़ते जाते हैं। और जब हम उन्हें बीच रास्ते में मिलते हैं तो लगता है,

वह एक में दो हैं; एक के साथ होते हुए भी दूसरा दिखाई देता रहता है। एक तुमसे बोलता, हँसता हुआ; दूसरा चुप, गुमसुम, ग़मगीन। इसलिए अकेला होने पर भी नरीन कभी अकेला नहीं दिखाई देता था। जब कभी उससे मिलते तो इच्छा होती, पूछें—वह कहाँ था, किसके साथ था? एक हल्की-सी ईर्ष्या होती थी कि उनके बिना भी वह अपने में मगन रह सकता है। शायद उसका छुटपन उनके साथ बीतता है और बड़प्पन कहीं और—जिसका उन्हें कोई पता नहीं।

शायद इसका कारण यह भी रहा होगा कि उनका मिलना हमेशा संयोग से होता था। मिलने की इच्छा चाहे कितनी उतावली हो, असली मिलना हमेशा आकस्मिक होता था। सड़क पर चलते-चलते वे हमेशा बाहर मिलते थे। मुनीश बाबू के अन्य मित्रों की तरह वह उनके घर शायद ही कभी आता था। याद नहीं आता, वह कभी उनकी माँ या बहनों के साथ बैठा हो। क्या उसे कोई शर्म रोके रहती थी? मानो उसे डर हो कि घरवाले यदि उसे मुनीश बाबू के साथ देखेंगे तो क्या सोचेंगे? क्या था उसमें ऐसा, जिसके कारण दूसरों की नज़र एक क्षण के लिए उस पर ठहर जाती थी? लम्बे घने बाल, भूरी चमकती आँखें, वह अपने में चुप, पर देह का हर हिस्सा कुछ बोलता हुआ। कन्धे, आँखों की पुतलियाँ, खुलती-बन्द होती हाथों की मुट्ठियाँ, जैसे वे अपनी बेबस हरकतों से उन ख़ाली जगहों को भर रही हों, जो उसकी चुप्पी पीछे छोड़ जाती थी। उसके पास बैठे हुए मुनीश बाबू को लगता था, जैसे वह बोलकर नहीं, वहाँ होकर ही कुछ कह रहा हो—ऐसा मुनीश बाबू ने उसमें ही नहीं, अनेक पहाड़ी लोगों में देखा था।

वह चुप बैठा रहा। उन दिनों 'अगली बार' का कोई मतलब नहीं था। जो कुछ होता था, वह एक ही समय में—न आगे, न पीछे।

उन्हें लगा, कहीं उसने बुरा तो नहीं मान लिया? उसे देखा, तो एक ठंडी-सी लकीर भीतर से गुज़र गई। वह मुस्करा रहा था।

पहली बार मुनीश बाबू ने ऐसी मुस्कराहट देखी थी—जो हमारे भीतर की कोई ऐसी चीज़ पकड़ लेती है, जो एक फोड़े की तरह धीरे-धीरे पक रही थी और हमें मालूम भी नहीं होता कि वह वहाँ थी...

सिर्फ़ एक हल्की-सी टीस रात के अँधेरे कमरे में महसूस होती है। हम कभी इधर टटोलते हैं, कभी उधर, पर अँगुली कभी उस जगह पर नहीं पहुँच पाती, जहाँ से वह उठती है...

दूर से मन्दिर की घंटियों की आवाज़ सुनाई दी, तो वह उठ खड़ा हुआ।

"मैं अब चलता हूँ...। चाचा ढूँढ़ रहे होंगे!"

जब वह चला गया, तो भी मुनीश बाबू वहाँ बैठे रहे। पता नहीं, अकेलेपन का कोई इतिहास होता है कि वह सबसे पहले कब शुरू हुआ था, पर शायद हर आदमी अपने विगत गड़हे के अँधेरे तल पर उसकी भनक पा लेता है, जब उसे अपने पीछे उसकी आहट सुनाई देने लगती है और उसे पता चल जाता है कि अब उससे नहीं बचा जा सकता...

पर उन दिनों मुनीश बाबू को यह मालूम नहीं था। उस दिन के बाद वह बराबर उससे बचने की कोशिश करने लगे। जैसे उनका अकेलापन नरीन के साथ जुड़ा था—वह तभी आता था, जब वह नहीं होता था। इसलिए उन्होंने जानबूझकर उन स्थानों में जाना छोड़ दिया, जहाँ वह दिखाई दे सकता था। पर वह अपने पुराने सहपाठियों के पास जाने में भी सकुचाते थे। जब वह उनके साथ खेलने के लिए मैदान में जाते तो वे उन्हें देखते ही कोई नया खेल शुरू कर देते। सबसे संकोचजनक स्थिति तब होती, जब वह उनके पास से गुज़रते तो वे खेल छोड़कर खड़े हो जाते।

उन्हें ऐसे देखते! जैसे पहचाना न हो। कभी अचानक हँसने लगते, फिर चुप हो जाते और फिर हँसने लगते—वह जल्दी से जल्दी पैर बढ़ाते हुए उनकी आँखों से ओझल हो जाना चाहते।

जब उनसे न रहा गया, तो अचानक विचार आया, क्या कुछ दिनों के लिए बाहर चले जाना ही बेहतर तो नहीं होगा?

एक दिन जब बाबू दफ़्तर चले गए और माँ अकेली थीं, उन्होंने मौक़ा पाकर पूछा, "माँ, तुम नरीन को तो जानती हो?"

"एक बार यहाँ तुम्हें पूछने आया था। क्यों, क्या बात है?"

"उसने मुझे अपने घर सोलन बुलाया है...क्या मैं कुछ दिन के लिए जा सकता हूँ?"

"वह तो कभी यहाँ आता नहीं..."

"मैं उससे कहूँगा...वह यहाँ से काफ़ी दूर रहता है।"

माँ ने उनके स्वर में सन्देह की कोई छाया देखी, "क्या वह आना नहीं चाहता—या कोई और बात है?"

"नहीं, ऐसा नहीं है..." उन्होंने कुछ हिचकते हुए कहा, "माँ, वह मेरे और दोस्तों की तरह नहीं है।"

"क्या बात है उसमें?" माँ के चेहरे पर हल्की-सी हँसी थी। "यहाँ नहीं आना चाहता, तो तुम्हें अपने पास क्यों बुलाता है?"

माँ हमेशा उनकी पहेलियों को खोलने बैठ जाती थीं, जैसे और कामों की तरह उनके दोस्तों के कारनामों का भेद भी उन्हें ही पता चलाना हो!

"तुम उसके साथ इतना रहते हो, तुम्हें कुछ तो बताता होगा?"

उन्हें चुप देखकर माँ उनकी तरफ़ ऐसे देखने लगीं, जैसे वह किसी बीमारी में फँस गए हों!

उनकी माँ का सन्देह कितना सच था! दुनिया में कितनी ऐसी बीमारियाँ हैं, जो एक ख़ास उम्र के मौसम में आती हैं—मौसमी बीमारियाँ और उसके बीत जाने पर ख़ुद भी गुज़र जाती हैं...सिर्फ़ एक खरोंच रह जाती है—टीस का एक टापू, जो कहीं बहुत दूर धुँधुआता दिखाई दे जाता है, जैसे वहाँ कुछ ऐसा है, जो अब तक पूरी तरह पता नहीं है। पता तब चलता, जब तक सड़क पर चलते हुए कोई आवाज़, कोई हँसी, हवा का रेला अचानक याद नहीं दिला देता कि वह वहाँ है, और हमें अचानक धुएँ की गन्ध पकड़ लेती है, जैसे उस दिन मुनीश बाबू को पकड़ लिया था और वह मैदान के बीचोबीच ठिठके रह गए थे।

पर उस दिन माँ से बात करने के बाद मुनीश बाबू के भीतर एक अन्तर ज़रूर हुआ—नरीन से बचने के बजाय वे उसे ढूँढ़ने लगे। मुश्किल यह थी, उसे पाने का कोई ठिकाना नहीं था। जंगल, झाड़ियाँ, चट्टानें—वह कब-कहाँ होगा, जानना आसान नहीं था। एक बार उसने अपना घर ज़रूर दिखाया था, पर वह वहाँ नहीं जाना चाहते थे। एक बार शाम को मन्दिर ज़रूर गए थे, जहाँ काली देवी मुस्कराते हुए बैठी थीं और नरीन के चाचा आरती उतार रहे थे। पर जिसे वह खोजने आए थे, वह कहीं नहीं दिखाई दिया। कभी-कभी मन में ख़याल आता था कि कहीं वह सोलन तो नहीं चला गया? यह आशंका कुछ ऐसी थी, जो ज़्यादा देर नहीं ठहरती थी। उन्हें मालूम था कि कुछ दिनों बाद वह चला जाएगा, पर यह सोचना कि वह फिर कभी दिखाई नहीं देगा, इस पर विश्वास नहीं होता था।

तभी एक शाम जब स्कूल से लौटकर वे अपने कमरे में बैठे थे, उन्हें कमरे की खिड़की पर 'खट' से आवाज़ सुनाई दी। कभी-कभी हवा में डोलते पेड़ से अलूचे टपाटप गिरा करते थे, पर इस तरह नहीं, जैसे खिड़की पर आवाज़ हुई थी, जैसे किसी ने निशाना बाँधकर कुछ फेंका हो। वह बाहर आए तो छज्जे पर छोटा-सा पाइन-कोन दिखाई दिया। जँगले से नीचे झाँका तो आँखों पर विश्वास नहीं हुआ—जिसे वह इतने दिनों से ढूँढ़ रहे थे, वह नीचे खड़ा गुलेल हिलाता हुआ उन्हें बुला रहा था।

मुनीश भागते हुए सीढ़ियाँ उतरकर नीचे गए। वह उससे कुछ कहते कि वह आगे निकल गया था। कुछ दूर तक दोनों चुपचाप ऊपर चढ़ते गए...डिस्पेंसरी आने पर वह रुक गया। यहाँ से जंगल की तरफ़ पगडंडी नीचे जाती थी। डिस्पेंसरी बन्द पड़ी थी, बाहर की बेंच पर वे बैठ गए, जहाँ मरीज़ बैठा करते थे।

कुछ देर तो वे नीचे फैले हवा में धीरे-धीरे हिलते जंगल को देखते रहे।

"इतने दिन कहाँ रहे?"

"यहीं—तुम्हारे शहर में।" उसने 'तुम्हारे शहर' ऐसे कहा, जैसे वह सचमुच छोड़कर जा रहा हो!

मुनीश बाबू की इच्छा हुई कि वह उसे बताएँ, कैसे एक दिन वह मन्दिर आए थे, कहाँ-कहाँ उसे ढूँढ़ते रहे थे—पर कोई शर्म उन्हें रोके रही।

"मैंने सोचा, तुम चले गए," उन्होंने धीरे से कहा।

"आज जाना है, इसीलिए तुमसे मिलने आया था।"

"आज...लेकिन....तुम तो कह रहे थे..."

"मैने भी सोचा था, कुछ दिन और रहूँगा, पर चाचा को सोलन में कुछ काम है—वह मुझे अपने साथ ले जाएँगे।"

"पर ट्रेन तो अब तक चली गई होगी..." मुनीश बाबू ने उम्मीद का आख़िरी सिरा पकड़ते हुए कहा।

"ट्रेन से नहीं, चाचा शाम की बस से जाएँगे।"

"लेकिन..." वह चुप हो गए—जैसे उन्हें अपने शब्द ही व्यर्थ जान पड़े।

"लेकिन क्या?" नरीन ने उनकी ओर देखा।

"माँ तुम्हें घर बुलाना चाहती थीं।"

"क्यों, कुछ काम था?"

"नहीं-नहीं, ऐसे ही तुम कभी नहीं आए, इसीलिए।" सोलन जाने की बात उन्होंने नहीं बताई...अब उसका कोई मतलब नहीं था।

मुनीश बाबू ने उसे देखा, वह अपने में निमग्न बैठा था...नीचे घाटी में बिखरे गाँव को देख रहा था, जो मिट्टी के खिलौनों-से दिखाई देते थे। कभी मुनीश बाबू उसकी आँखों से अपना शहर देखने लगते थे और वह उन्हें कोई दूसरा नगर जान पड़ने लगता था।

"अगली बार कब आओगे?"

"अगली बार?" वह जैसे किसी स्वप्न से जागा हो, "जब चाचा बुलाएँगे...जब यहाँ उनका काम बढ़ जाता है, तो मुझे बुलाते हैं।"

"क्या अब सारे काम पूरे हो गए?"

उसने चुपचाप सिर हिलाया, "सिर्फ़ एक काम बचा है," वह मुस्करा रहा था। लेकिन उसमें एक अवसन्न खोई-सी दुनिया थी, जो बचपन में छूटकर कहीं दिखाई नहीं देती।

"कौन-सा काम?" मुनीश बाबू ने कौतूहल से उसे देखा।

"तुम्हें याद है, जब हम पहली बार एक-दूसरे से मिले थे, तो यह मेरे पास थी, " उसने जेब से गुलेल निकाली और उनके हाथ में रख दी।

"यह मैं तुम्हें देने के लिए लाया था।"

मुनीश बाबू के जीवन में ऐसा पहली बार हुआ था...परिवार के बाहर किसी ने उन्हें कोई चीज़ दी हो। एक अजीब-सी शर्म ने उन्हें जकड़ लिया। उन्हें समझ में नहीं आया, वह क्या कहें। गुलेल एक मरे पक्षी-सी उन दोनों के बीच बेंच पर पड़ी रही।

"तुम फिर चिड़ियों का शिकार कैसे करोगे?" उन्होंने अपनी शर्म को हँसी में उड़ाते हुए कहा।

"सोलन में मेरे पास और भी गुलेल हैं... लेकिन यह स्पेशल है। इसे चलाने से तुम बहुत दूर का निशाना भी लगा सकते हो।"

"मुझे मालूम है..." उन्होंने गुलेल को उठा लिया। बेंच के नीचे से एक ढेले को उठाया, गुलेल के फन्दे से दबाया और उसे खींचकर सामने देवदार के पेड़ पर निशाना साधा।

"लेकिन मैं तो गुलेल चलाता नहीं," उन्होंने नरीन की ओर प्रश्नभरी दृष्टि से देखा।

"मुझे मालूम है," उसने गुलेल उठा ली और उसे सहलाते हुए मुनीश बाबू की तरफ़ देखा, "मैं इसे चलाने के लिए नहीं दे रहा हूँ।"

"फिर किसलिए दे रहे हो?"

"तुम इसे अपने पास रखोगे तो मुझे अच्छा लगेगा। मैं जब इसे बना रहा था तो सोच लिया था, यह तुम्हारे लिए है।"

दोनों कुछ देर तक चुप बैठे रहे, दूर से मन्दिर की घंटियों की आवाज़ सुनाई दे रही थी। घंटियाँ बजते ही जंगल के भीतर से पक्षियों का एक लश्कर आकाश में उड़ा और तब मुनीश बाबू के भीतर एक बर्फ़-सी ख़ामोशी स्थिर हो गई।

लोग कैसे अलग होते हैं?

पहली बार मुनीश बाबू को लगा कि यहाँ बेंच पर बैठा हुआ भी वह वहाँ नहीं है। पता नहीं कब वह बेंच पर गुलेल छोड़कर चला गया था। और इस तरह मुनीश बाबू ने उसे आख़िरी बार देखा था।

वह बेंच से उठते हुए घर की तरफ़ चलने लगे। एक बार मन में इच्छा उठी कि वह इतनी सुन्दर काठ की बनी गुलेल अपने पुराने दोस्तों को दिखाएँ, फिर उन्हें ध्यान आया कि पिछले दिनों उनके मित्र उनसे दूर-दूर रहने लगे थे। जो लड़के उनके घर आते थे, वे उन्हें देखते ही किनारा कर लेते थे। कहते कुछ नहीं थे, सिर्फ़ उनके चेहरे पर शर्मिन्दगी की रेखा का मैला-कुचैला-सा भाव दिखाई देता था। वे मुनीश बाबू को कुछ ऐसी हैरत भरी निगाहों से देखते, मानो उनकी देह पर कोई ऐसी चीज़ निकल आई हो जिसका किसी को कोई अन्देशा नहीं था।

अचानक वह ठिठक गए। कोई उनके पीछे सीटी बजा रहा था और जब वे पीछे मुड़े तो कुछ लड़के तेज़ी से भागते हुए उनके पास से निकल गए। गुलेल उनके हाथ से छूटकर नीचे गिर गई। तभी एक लम्बे-से लड़के ने झुककर गुलेल को उठाया। लापरवाही से उलट-पलट कर उसे देखा, फिर मुनीश बाबू को देखकर हँसा और पीछे से लड़कों की हँसी का ठहाका सुनाई दिया।

मुनीश बाबू ने पहले इस तरह की हँसी नहीं सुनी थी। वह उन्हें सिर से पैर तक सिहराती हुई निकल गई। उसमें एक तरह की अश्लीलता छिपी थी। उन्हें लगा, चारों तरफ़ उनके कीड़े चल रहे हैं और कपड़ों के नीचे पसीने का नाला बह रहा है। कोई ऐसी चीज़ थी जो उनसे चिपक गई थी। वह वहीं पर पत्थर पर बैठ गए। कुछ देर बाद कुछ लड़के उनके पास से गुज़रे जो उनके सहपाठी रहे थे। वे उनकी ओर ऐसे देख रहे थे, जैसे वे उन्हें जानते हों पर पहचानता कोई नहीं।

मुनीश बाबू उठ खड़े हुए। चारों तरफ़ देखा, सौभाग्य से वहाँ कोई नहीं था। शाम की छाया मिटती धूप में मिलकर एक अजीब अवसाद-सी जंगल पर फैली थी। हवा, पक्षी, सब कुछ शान्त और निस्पन्द जान पड़ते थे। मुनीश बाबू को लगा, उनके भीतर कुछ है, जो मर गया है—कोई बहुत ही नाज़ुक-सी चीज़ जो भरभराकर टूट गई है और जिसके टुकड़े उनके सारे शरीर के भीतर अँधेरे कोनों पर बिखरे हैं, जहाँ कभी वह स्वप्न देखा करते थे।

वह तेज़ी से क़दम बढ़ाते हुए चलने लगे। उन्हें याद आया, नरीन ने एक बार उन्हें अपना घर काली मन्दिर के पीछे दिखाया था। एकमंज़िला पहाड़ी मकान, जिसके आगे छोटा-सा बग़ीचा था। पहाड़ी मकानों की तरह उसकी टीन की छत थी। बरामदे के जँगलों पर धुले हुए कपड़े सूख रहे थे। घर के आसपास कोई दिखाई नहीं दिया। वह कुछ देर बन्द गेट के सामने खड़े रहे। उन्हें पता नहीं था, वह क्या कर रहे हैं, वह क्यों खड़े हैं। फिर अचानक वह होश में आए, धीरे से बग़ीचे का गेट खोलकर दो क़दम आगे बढ़े। जेब से गुलेल निकाली, उसे देखा भी नहीं, वह कैसी है, आँखें मूँदकर उसे घास के मैदान पर फेंक दिया, जैसे सारी शर्म उससे लिपटी है।

उन्हें लगा, कोई उन्हें बुला रहा है लेकिन वहाँ कोई नहीं था। वह भागने लगे। भागते गए। लगा, जैसे आने वाली उम्र में आगे इसी तरह भागते रहेंगे।

लेकिन आज वह खेल के मैदान में सहसा रुक गए थे। बरसों बाद वैसी आवाज़ फिर सुनाई दी थी। इस बार सचमुच उन्होंने जब मुड़कर देखा था, क्या उन्होंने सोचा था, नरीन इतने बरसों से वहाँ वैसे ही गुलेल लिये खड़ा था?

['नया ज्ञानोदय' : अगस्त, 2005]

एक लय में

चिलचिलाती धूप में उसकी चीख़ सुनाई देती। हर रोज़ एक ही समय। दुपहर का वक़्त होता और वह ऊँघता हुआ चौंक जाता। जब वह चौंकता, तो चीख़ और चौड़ी हो जाती और वह बाहर निकल आता।

एक छोटा-सा बच्चा बीच सड़क पर आ खड़ा होता। उसके इर्द-गिर्द हर चीज़ ख़ामोश हो जाती, जैसे स्टेज पर परदा उठने के बाद हम आधी बात छोड़कर ख़ामोश हो जाते हैं—सिर्फ़ दुपहर होती, चिलचिलाती धूप और सड़क के बीच वह बच्चा—काफ़ी ज़ोर-ज़ोर से चीख़ता हुआ। कोई उसके पास जाता और न वह किसी को अपने पास बुलाता। सबने उसे अलग छोड़ दिया था और उसने सबको—जैसे चीख़ों का सम्बन्ध ही सबसे बड़ा सम्बन्ध हो।

यों उस ख़ास जगह, जहाँ वह खड़ा होता था, कोई ख़ास अकेलापन भी नहीं था। पास ही सरकारी बँगले थे—और दो जुड़वाँ सड़कों के बीच एक छोटा-सा घास का मैदान था। एक पीपल का बहुत पुराना पेड़ था,

जिस पर साइकिलों के पुराने टायर झूलते रहते। बहुत पहले वहाँ पंक्चर जोड़ने वाला लड़का बैठता था। पार्टीशन के बाद वह पाकिस्तान चला गया—किन्तु उसकी दुकान के स्मारक अब भी हवा में डोलते रहते। कभी-कभी कोई फेरीवाला पेड़ के नीचे बैठ जाता—घड़ी-दो घड़ी सुस्ताने, साँस लेने। उसके जाने के बाद वह जगह फिर ख़ाली हो जाती—कभी-कभी हैरानी भी होती, इतना बड़ा घास का तिकोन, बिलकुल ख़ाली।

जब वह यहाँ आया, कोई उसे नहीं जानता था। उन दिनों दुनिया काफ़ी बड़ी थी और ऐसा लगता था कि कोई कहीं से भी आ सकता है और कहीं भी जा सकता है। पूछताछ की इच्छा भी नहीं उठती थी—और अगर ज़रा देर के लिए जगती भी थी, तो दूसरे क्षण ही करवट बदलकर सो जाती थी। सरकारी बँगलों के बीच एक घास का मैदान, पीपल का पेड़, पेड़ के नीचे चीख़ता हुआ एक लड़का—हिन्दुस्तान के किसी भी बड़े शहर में, ख़ास कर अगर वहाँ सिविल लाइंस हो, या कैंटोनमेंट का अपना अलग हिस्सा हो—कुछ हेर-फेर के साथ अक्सर ऐसा दृश्य देखने को मिल जाता है।

हम भी देखते थे, हालाँकि देखना ज़रूरी नहीं था। हवा उसकी चीख़ें ख़ुद हमारे दरवाज़ों के पास छोड़ जाती थी—उस जगह, जहाँ धूल-गर्द जमा हो जाती है। टूटे हुए काँच के टुकड़ों की तरह उन्हें बुहारी से अलग किया जा सकता था—और हम अपना पाँव बचाकर अलग से निकल जाते थे।

अगर सिर्फ़ चीख़ें ही होतीं, तो बात अलग थी। वह बच्चा भी था जो चीख़ता था। भरी दुपहर की तितीरी धूप में। कभी-कभी उसकी आवाज़ मन्द पड़ जाती—और तब हम जान जाते, उसकी माँ आई है। वह टिफ़िन में उसका खाना लातीं—टिफ़िन को देखकर हल्का-सा कौतूहल जगता—बिलकुल वैसा ही मैला और उदासीन, जैसा बाबू लोग अख़बार में छिपाकर दफ़्तर ले जाते हैं। उसे कोई कहाँ छिपाता?

वह धूप में नंगा पड़ा रहता, तपता रहता। औरत उसे बच्चे के पास छोड़कर एकदम चली जाती—एक मिनट भी वहाँ नहीं रुकती थी।

वह कब खाता है, किसी को मालूम नहीं था। शायद रात को, जब सब सो जाते थे। शायद बिलकुल सुबह, सबके उठने से पहले—वह जब भी खाता हो, टिफ़िन का डिब्बा हमेशा उसके पास पड़ा रहता।

और वह चीख़ता जाता...एक लय में।

आश्चर्य यह भी था कि उसके पास कोई नहीं आता था—न पुलिस, न कुत्ते, न बच्चे। यह नहीं कि वे उससे बचते थे—या बचने की कोशिश करते थे। वे सिर्फ़ विश्वास नहीं करते थे—न लड़के में, न उसकी चीख़ों में। यह भी कहना कठिन है कि वे दूसरी चीज़ों में विश्वास करते थे, जो साफ़ और ठोस थीं—जैसे पीपल का पेड़, धूप में तपता कटोरदान—और हवा, जो घास पर दिन-रात लोटती थी।

एक चीज़ ज़रूर थी—लेकिन वह विश्वास के दूसरी तरफ़ थी—परे नहीं और बाहर नहीं—सिर्फ़ दूसरी तरफ़ थी। रात को जब अचानक कभी नींद टूटती थी—उन दिनों हम छतों पर सोते थे—तब सहसा पास की मुँडेर हिलती-सी जान पड़ती। जब नींद का झिलमिला छितर जाता—आँखें मुँडेर पर ठिठक जातीं—और तब अपने भ्रम पर हँसी आती, क्योंकि मुँडेर जहाँ थी, वहाँ थी—सिर्फ़ उस पर एक बिल्ली बैठी होती जो धीरे-धीरे अँधेरे में रेंगती रहती। आधी नींद में भ्रम होता, मानो बिल्ली निश्चल है—ईंट-पत्थरों की तरह जबकि मुँडेर, जो सचमुच ईंट-पत्थरों की बनी है, अपने में धीरे-धीरे हिलती दिखाई देती...

यह भ्रम ज़्यादा देर नहीं टिकता था।

वह नीचे उतरती। हमारी आँखें उसका पीछा करतीं। एक दूसरे से सटी छतों के बीच वह बहुत अकेली जान पड़ती। वह निश्चल बैठी रहती, तो भी लगता, जैसे वह कुछ ढूँढ़ रही है—किसी अज्ञात चीज़ को नहीं बल्कि किसी ऐसी चीज़ को जिसका अता-पता पहले से मालूम हो—

फिर भी ढूँढ़ने में कोई सनसनी पैदा हो—कोई छोटा-सा एडवेंचर—वह बहाना करती कि उसे कुछ नहीं मालूम!

मैं बिल्लियों को पहचानता हूँ। मैं उन्हें अरसे से पहचानता हूँ। वह सीढ़ियाँ उतरती—अँधेरे में सब कुछ पहचाना-सा लगता। मुझे लगता, मैं अपने पुराने घर को उसकी नई आँखों से पहचान रहा हूँ। वह दरवाज़े के आगे रुक जाती—मेरी निगाहों से अलग।

फिर वह कुछ ऐसा करती, जो मुझे अश्लील-सा लगता।

अपने पंजों से वह दरवाज़े के आगे खोखल को कुरेदने लगती, जहाँ दिन-भर का कूड़ा-करकट जमा हो जाता था। दिन-भर की धूल, रात के झरे पत्ते, काग़ज़ की चिन्दियाँ...और टूटे हुए वे काँच के टुकड़े, जिन पर लड़के की चीख़ें चिपकी रहा करती थीं। वह बहुत सफ़ाई से उन चीख़ों को काँच से अलग करती, जैसे गोश्त को हड्डी से अलग किया जाता है—और हड्डियों की तरह ही वह उन्हें दाँतों में दबाकर धीरे-धीरे बाहर चली जाती।

बाहर अँधेरे में...जहाँ लड़का एक लय में चीख़ता रहता।

[काग़ज़ों में मिला एक ड्राफ़्ट]

मुँडेर पर बिल्ली

चिलचिलाती धूप में उसकी चीख़ सुनाई देती। हर रोज़ एक ही समय। समय एक ही होता, दुपहरवाली नींद का। वह ऊँघता हुआ चौंक जाता। सपने छितर जाते और जब वह बाहर छत पर आता तो चीख़ अपने डैने फैलाकर हर जगह उड़ती दिखाई देती।

एक छोटा सा लड़का पेड़ के नीचे खड़ा दिखाई देता। उसकी चीख़ों के इर्द-गिर्द हर चीज़ ख़ामोश हो जाती, जैसे स्टेज पर परदा उठते ही हम चुप हो जाते हैं। सिर्फ़ दुपहर की धूप, पीपल के फड़फड़ाते पत्ते और वह लड़का, ज़ार-बेज़ार रोता हुआ; न कोई उसके पास जाता और न वह किसी को अपने पास बुलाता। सबने उसे अलग छोड़ दिया था और उसने सबको, जैसे चीख़ों का सम्बन्ध ही असली सम्बन्ध हो—बाक़ी सब कुछ नहीं।

यों उस ख़ास जगह, जहाँ वह खड़ा होता, कोई ख़ास अकेलापन भी नहीं था। पास ही सरकारी बँगले थे और दो सड़कों के बीच घास का तिराहा।

जिस पीपल के नीचे वह खड़ा होता, वह काफ़ी बूढ़ा पेड़ था, जिसकी टहनियों पर साइकिल के पुराने टायर, ट्यूबें झूलती रहतीं। बहुत पहले वहाँ पंक्चर जोड़नेवाला एक लड़का बैठता था। पार्टीशन के बाद वह पाकिस्तान चला गया था; किन्तु उसकी दुकान के स्मारक अब भी हवा में डोलते रहते : कुछ पुराने चिथड़ों की धज्जियाँ, एक आधी लटकती हुई तख़्ती, जिस पर 'साइकिल अस्पताल' के अक्षर धुँधले पड़ गए थे। कभी कोई फेरीवाला पेड़ की छाँह तले बैठ जाता घड़ी-दो घड़ी सुस्ताने, साँस लेने। उसके जाने के बाद वह जगह फिर ख़ाली हो जाती।

सिर्फ़ चीख़ें बची रहतीं...सूनी दुपहर में एक-दूसरे में गुँथती हुईं, गूँजती हुईं।

जब वह यहाँ आया, कोई उसे नहीं जानता था। हवा उसकी चीख़ें ख़ुद हमारे दरवाज़ों के पास छोड़ जाती थी—उस जगह, जहाँ देहरी पर धूल-गर्द और पत्ते जमा हो जाते हैं। वे चीख़ें भी वहाँ पड़ी रहतीं। कभी-कभी उनकी आवाज़ मन्द पड़ जाती और तब हम जान पाते कि वह मन्थर गति में पैर बढ़ाती हुई औरत आई है। हम भाई-बहन उसे 'सलोनी' कहते थे। वह इतनी ख़ूबसूरत थी कि उसे देखकर भाई साहब का चेहरा लाल हो जाता, छोटी मुन्नी की आँखें चौड़ी हो जातीं और मेरा दिल बैठने-सा लगता।

पता नहीं, वह उस लड़के की कौन थी—माँ या बहन या कोई चाची-ताई? जो भी हो, वह टिफ़िन में उसका खाना लाती। टिफ़िन को देखकर हल्का-सा कौतूहल जग जाता; पता नहीं, उसमें क्या रखा होगा? वह कुछ वैसा ही लगता—मैला और मलिन—जिसे बाबू लोग अपनी साइकिलों के कैरियर में फँसाकर ले जाते थे। औरत उसे लड़के के पास छोड़कर एकदम चली जाती। एक मिनट भी वहाँ नहीं रुकती थी।

वह कब खाता है, किसी को नहीं मालूम था। शायद रात को, जब सब सो जाते थे। शायद बिलकुल सुबह, सबके उठने से पहले।

वह जब भी खाता हो, टिफ़िन का डिब्बा हमेशा उसके सामने ख़ाली पड़ा रहता। और वह चीख़ता जाता—एक लय में।

उन चीख़ों में न आतुरता थी, न किसी तरह की अधीरता। वे एक रौ में चलती थीं। जैसे कोई घायल जानवर अपने पाँव घसीटता हुआ अपनी माँद की तरफ़ जा रहा है। शायद इसीलिए कोई उसकी ओर ध्यान नहीं देता था—न पुलिस, न कुत्ते, न स्कूल जाते बच्चे। यह नहीं कि वे उससे बचते थे, या बचने की कोशिश करते थे। वे सिर्फ़ विश्वास नहीं करते थे—न लड़के में, न उसकी चीख़ों में। यह कहना भी कठिन है कि वे दूसरी चीज़ों में विश्वास करते थे, जो साफ़ और ठोस थीं—जैसे पीपल का पेड़, धूप में तपता-चमकता कटोरदान, धूल में लोटते पत्ते...

एक चीज़ ज़रूर थी, लेकिन वह विश्वास के दूसरी तरफ़ थी—परे और बाहर नहीं—सिर्फ़ दूसरी तरफ़। रात को जब अचानक नींद टूट जाती—उन दिनों हम छत पर सोते थे—तब पास की मुँडेर दिखाई देती। वह एक पार्टीशन की मुँडेर थी, जो हमारे घर को दूसरे घरों से अलग करती थी।

उन दिनों छोटी मुन्नी पूछती थी, 'क्या यह वह पार्टीशन है, जिसके बारे में लोग इतनी बात करते हैं? एक छत जहाँ दूसरी छत से अलग हो जाती है? क्या यह पंक्चर लगानेवाला लड़का उसके पीछे चला गया है, और अपनी चीख़ों को पीछे छोड़ गया है?'

पता नहीं, कब हमें नींद आ जाती। एक रात मेरी आँख खुली तो मुझे सामने की मुँडेर हिलती-सी जान पड़ी। नींद के झिलमिले में ऊपर-नीचे जाती हुई। कुछ देर तक मैं अपलक उसे देखता रहा। मुन्नी को दिखाने उठा तो अपने पर हँसी आने लगी। मेरा भ्रम था या सपना—मुँडेर जहाँ थी, वहाँ थी। सिर्फ़ उस पर एक बिल्ली बैठी थी। वह मुँडेर पर रेंगती हुई चल रही थी। आधी नींद में भ्रम हुआ था, जैसे बिल्ली निश्चल है—ईंट-पत्थरों की तरह—जबकि मुँडेर जो सचमुच ईंट-पत्थरों की बनी थी—अपने में हिलती हुई दिखाई दे रही थी।

वह भ्रम ज़्यादा देर नहीं टिका।

वह नीचे उतर रही थी। मेरी आँखें उसका पीछा कर रही थीं। एक-दूसरे से सटी छतों के बीच वह बहुत अकेली जान पड़ रही थी। वह निश्चल बैठी रहती तो भी लगता, वह कुछ ढूँढ़ रही है। किसी अज्ञात चीज़ को नहीं, बल्कि किसी पुराने ख़ज़ाने को, जिसे वह कहीं दबाकर भूल गई हो।

मैं बिल्लियों को पहचानता हूँ। वे पुराने घरों की गन्ध अपने साथ लेकर चलती हैं। जब घर नहीं रहते, तो भी उनकी गन्ध बिल्ली की देह के साथ-साथ चलती है।

मुझे लगता, मैं भी अपने पुराने घर को उसकी आँखों से देख रहा हूँ। वह पार्टीशन के आगे खोखल को कुरेदने लगती, जहाँ दिन भर का कूड़ा-करकट जमा हो जाता था। गर्मियों की धूल, अख़बार की चिन्दियाँ और—टूटे काँच के टुकड़े, जिन पर लड़के की चीख़ें चिपकी रहा करती थीं। वह बहुत सफ़ाई से उन चीख़ों को काँच से अलग कर रही थी, जैसे गोश्त को हड्डी से अलग किया जाता है—और हड्डियों की तरह वह उन्हें अपने दाँतों में दबाकर धीरे-धीरे अँधेरे में लोप हो गई।

उस रात के बाद लड़का कहीं दिखाई नहीं दिया। चीख़ों का सुनना भी बन्द हो गया। जब हवा चलती तो सिर्फ़ पीपल के पत्तों की खड़खड़ाहट छतों को लाँघकर हमारे घर के दरवाज़ों को खटखटाने लगती।

ख़ाली घर के दरवाज़े, जहाँ अब हम नहीं रहते थे।

['साहित्य अमृत' : फ़रवरी, 2000]

अपूर्ण उपन्यास : दो अध्याय

चुप होता हुआ समय

चलते-चलते अचानक आशु भाई खड़े हो जाते। सिर ऊँचा करके कुछ सुनने लगते। सुनाई कुछ भी न देता था। साँय-साँय करती हवा चलती रहती। हम जैसे होते, जहाँ होते, पत्थर की मूर्तियों की तरह जड़ हो जाते।

क्या यह चुप रहने का समय है?

तिया मेरी तरफ़ देखती, लेकिन मैं उसकी आँखों से बचकर आशु भाई की निगाहों का पीछा करता। वे आकाश से उतरकर आडू के पेड़ पर जा अटकतीं...और तब मुझे याद आता कि इसी पेड़ के नीचे आशु भाई ने मुझे अपनी कविता सुनाई थी, जो मेरे लिए नहीं थी। वह एक ऐसी लड़की के लिए थी, जो अपनी माँ के साथ अकेली रहती थी।

"क्या यह जिज्जा के लिए है?"

मैंने उनसे पूछा तो आशु भाई ने कहा, "जिस बात के बारे में तुम्हें मालूम नहीं, उसके बारे में चुप रहना चाहिए।" और फिर उस कविता को फाड़कर उसकी चिन्दी-चिन्दी को हवा में उड़ा दिया।

जब काफ़ी देर हो गई और हमारे पाँव खड़े-खड़े दुखने लगे तो तिया ने कनखियों से मुझे देखा, "क्या चुप रैने का समय ख़त्म हो रहा है?"

मैंने तुरन्त उसकी डिब्बी जैसे मुँह को बन्द कर दिया। उसके होंठ तो मुँद गए, लेकिन नथुने थरथराने लगे। आशु भाई ने जब उसकी ओर देखा, तो वह मुझे छोड़कर उनके पास चली आई।

आशु भाई ने उसके आँसू पोंछे, जो पता नहीं कब उसके मैले गालों पर लकीरें खींच गए थे। जेब से सफ़ेद चिट्टा रूमाल निकाला, उसके चेहरे, आँखों, नाक को पोंछा और फिर उसकी छोटी-छोटी गुत्तों को सिर पर एक मुकुट की तरह बाँध दिया।

तिया ने गर्व से सिर मोड़कर मेरी ओर देखा, जैसे पूछ रही हो, अब बताओ, कैसी लग रही हूँ? कालीबाड़ी की रामलीला में जब वह छोटे-से राजा का पार्ट करती थी तो ऐसा ही मुकुट पहनकर स्टेज पर आती थी। 'मैं तोड़ूँगा, मैं तोड़ूँगा' कहते हुए सीताजी के स्वयंवर में सबसे पहले आगे बढ़ती थी, धनुष उठाते ही धम से नीचे गिरने का अभिनय करती थी और फिर तालियों के बीच जल्दी से उठकर सीताजी की गोद में जाकर बैठ जाती थी।

कहाँ गए आशु भाई? हमने चारों तरफ़ देखा, तो वह कहीं दिखाई नहीं दिये। वह ऐसे ही आते थे और चले जाते थे। आँखें भींचते-न-भींचते वह न जाने कहाँ लोप हो जाते थे। हम झाड़ियों के पीछे देखते तो सन्नाटा दिखाई देता। बहते पानी की झिर-झिर आवाज़ अतल अँधेरे से बाहर आती, पत्थर पर सिर पटकती हुई कहती, कराहती—'आशु भाई, आशु भाई'—तिया की रुआँसी पुकार किसी हृदयभेदी क्रन्दन में बदले, इससे पहले ही मैं उसका हाथ पकड़ लेता, "चलो, ठुल दद्दा के पास।"

"ठुल दद्दा के? भला क्यों?" उसने भीगी आँखों से मुझे देखा, जैसे मैं उसे बहकाकर पाताललोक में ले जा रहा हूँ।

"हो सकता है, आशु भाई ने कुछ लिखा हो," अनुमानों के ढेर में मैंने हाथ डालकर तिया को देखा, उसकी आँखें चमक रही थीं।

"फिर तो उन्हें दिखाने जाना होगा...नहीं?"

"क्यों नहीं," मैंने कहा, "ठुल दद्दा ने जब पत्रिका निकाली थी, तो आशु भाई की कविता सबसे ऊपर थी—'हिमालय का दर्द'।"

तिया हँसने लगी, "ठुल दद्दा वैसे अच्छे आदमी नहीं हैं। ऊपर से भोले-भाले लगते हैं, भीतर से हम सबकी हँसी उड़ाते हैं।"

"तुझे कैसे मालूम?"

"जिज्जा कहती थीं...उनके पास जो पत्रिका आई, पता है, उस पर कविता का दूसरा नाम ही लिखा था—'हिमालय का सिरदर्द'।"

"मुझे तो करम कौर की डायरी सबसे अच्छी लगी थी, क्या वह सच्ची थी?"

"सच्ची नहीं, तो ठुल दद्दा उसे लेते क्यों? उन्होंने कई बार मुझे करम कौर के घर भेजा था, तब जाकर वह राजी हुई थी।"

तभी ठुल दद्दा का घर दिखाई दिया, ओक व्यू। वह घर सारे का सारा लकड़ी से बना था—पहाड़ी की ढलान पर इस तरह तिरछा लेटा हुआ कि उसे देखकर लगता था, जैसे नींद में सोया हुआ कोई बनैला जानवर हो, जो ज़रा-सी करवट लेते ही नीचे खड्ड में जा लुढ़केगा! दूर से ही उसे पहचाना जा सकता था। वही एक घर था जिसकी ढलवाँ छत पर ब ड़ियाँ और लाल मिर्चें दहका करती थीं।

फाटक के भीतर घुसते ही बेंत की आरामकुर्सी पर बैठे जानकी बाबू दिखाई दे जाते। चौड़ा-चमकता चेहरा, सफ़ेद दाढ़ी और चैतन्य प्रभु के

भक्तों जैसे लम्बे बाल। उन्हें देखकर यह विश्वास नहीं होता था कि ढुल दद्दा उनके लड़के हो सकते हैं। हमें देखकर वह मुस्कराने लगते, तिया को खींचकर अपनी स्पेनियल जानी के साथ बिठा देते और जैसे वे दोनों चूँ-चूँ करती हुई चीख़ने, छटपटाने लगतीं, सारा छज्जा डगमगाने लगता। धुआँधार चीख़ों के बीच पता नहीं चलता कौन-सी आवाज़ तिया की है, कौन-सी कुतिया की। फिर अचानक छज्जे के दूसरी ओर से ढुल दद्दा की पुकार सुनाई देती और सब कुछ शान्त हो जाता। जानकी बाबू तिया को गोद से उतार देते और हम तीनों—तिया, मैं और जानकी—छोटा-सा जुलूस बनाकर उस तरफ़ चल देते जहाँ न शोर था, न कोई हलचल—सिर्फ़ छज्जे की धूप और हमारी चलती छायाएँ...धीरे-धीरे उस ओर सरकती हुई, जहाँ ढुल दद्दा बैठे होते।

वह हरे रंग के जँगले के सामने पीली दरी पर बैठे होते। लम्बी-छरहरी देह, सफ़ेद-चिट्टा कुमाऊँनी चेहरा, पतली सुतवाँ नाक और एक छोटी-सी चुपीली हँसी, जिसे देखकर पता नहीं चलता था कि वह हमें देखकर उघड़ती है या उनके मुखमंडल पर हमेशा विचरती रहती है। हमें मालूम था, वह वहीं धूप में बैठे होंगे—कोई किताब पढ़ते हुए या स्लेट पर कुछ लिखते हुए। उनकी साफ़-सुथरी स्लेट को देखकर हम हमेशा कुछ हैरान-से हो जाते। हम सोचते थे, स्लेट या तख़्ती पर सिर्फ़ स्कूल के बच्चे ही लिखते हैं और ढुल दद्दा तो इलाहाबाद की यूनिवर्सिटी से अंग्रेज़ी का इम्तहान देकर आए थे। लेकिन उन्हें शायद ही इस बात का कोई गुमान था कि हम उनके बारे में क्या सोचते हैं, न ही उनके चेहरे से कोई अभिमान झलकता था। जब उनके सामने कोई उनकी तारीफ़

करता तो उनका सफ़ेद चेहरा पहाड़ी दाढ़ू की तरह लाल हो जाता। माथे पर पसीने की बूँदें चमकने लगतीं और तारीफ़ करने वाला अपने-आप शर्म के गड्ढे में डूबने लगता।

उस दिन उनके हाथ में न स्लेट थी, न खड़िया। वह दीवार का सहारा लेकर उकड़ूँ बैठे कोई पत्र लिख रहे थे। तिया उनके पास जा बैठी और जानी उनकी टाँगों के बीच सिर डालकर पसर गई। मैं जँगले पर डोल रहा था। नीचे बांज के पेड़ों से हवा उठती, तो छज्जे के आर-पार एक ज्वार-सा उठने लगता, जैसे बहुत-से कबूतर एक साथ पंखों को फड़फड़ाते उड़ रहे हों।

"ठुल दद्दा, क्या यहाँ आशु भय्या आए थे?"

"नहीं तो, तुमसे कुछ कहा था?"

"कुछ भी तो नहीं..." तिया ने एक ठंडी गहरी साँस ली। जैसे आने वाली ज़िन्दगी में न जाने इस तरह की कितनी निराशाएँ झेलनी होंगी। "कहने लगे, यह चुप रैने का समय है। जब मैं कुछ उनसे बात करती हूँ तभी चुप रैने का समय शुरू हो जाता है।"

इस बार ठुल दद्दा ने उसके बालों को सहलाया, जो दो बँधी गुत्तों के बीच गले पर झूल रहे थे। "कवि लोग ऐसे ही होते हैं, तिया...तुम्हें उनका बुरा नहीं मानना चाहिए।"

"मेरी तरफ़ वह देखते भी नहीं," तिया ने कहा।

"ऐसा?" ठुल दद्दा ने पूछा, "फिर कहाँ देखते हैं?"

"मेरी तरफ़," मैंने कहा।

तिया ने मेरी तरफ़ तरेरती आँखों से देखा, "ठुल दद्दा, इसकी बात न सुनिए, यह तो आधा पागल है।"

"कौन कहता है?" मैंने पूछा।

"तेरी मौसी, और कौन! हमेशा मुझसे कहती हैं, इसका साथ मत छोड़ना, यह पता नहीं कहाँ-कहाँ जाता है।"

"क्या मौसी ऐसा कहती हैं?" मेरा मन रोने को हुआ, लेकिन मैं अपना रोना रोके रहा। लड़कियाँ भी कैसी होती हैं!

"मैं चलता हूँ," मैंने कहा। मुझे पता नहीं था, मैं कहाँ जाने वाला हूँ।

मैं जँगले से उतरकर जाने लगा, तो ठुल दद्दा की आवाज़ सुनाई दी, "गिन्नर...इधर आओ।"

मैं उनके पास आया, तो उनकी आँखें मेरे ऊपर उठी थीं और तब मुझे पहली बार पता चला कि इनके चिट्टे-सफ़ेद चेहरे पर उनकी आँखें ही सबसे उदास कर देने वाली हैं।

"तुमने कहा था, आशु भाई तुम्हें देखते हैं?"

मैंने सिर हिलाया।

"क्या देखते हैं?"

"कहते थे, वह जानना चाहते हैं, इसमें कितना सच है, जो लोग मेरे बारे में कहते हैं।"

"सच मिल जाता है?"

"हाँ, ठुल दद्दा, मिल जाता है। जब चुप रहने का समय आता है, तो सब चले जाते हैं, वही बेचारा रह जाता है।"

ठुल दद्दा कुछ नहीं बोले। छज्जे के बाहर देखने लगे, जहाँ दिन सूना पड़ रहा था और पेड़ चुप खड़े थे।

"ठुल दद्दा, क्या आप यहाँ से जाने वाले हैं?" मैंने कहा।

"नहीं तो..." वह कुछ चौंक गए, "तुमसे किसने कहा है?"

"जिज्जा कहती थीं। कहती थीं, आप रिज़ल्ट की राह देख रहे हैं, वह आया नहीं कि आप गए नहीं।"

वह हमेशा गर्मी की छुट्टियों में यहाँ आते थे। इन गर्मियों के बाद उनकी छुट्टियाँ हमेशा के लिए ख़त्म होने वाली थीं, यह बात वह किसी से कहते नहीं थे, लेकिन मालूम सबको हो जाता था।

"जिज्जा का भी हर साल रिज़ल्ट निकलता है, लेकिन वह तो कहीं नहीं जातीं?" तिया ने कहा।

"जिज्जा कहीं नहीं जा सकतीं। वह चली जाएँगी, तो उनकी माँ को कौन देखेगा?"

"हाबलू, और कौन?...वह तो लड़का है।"

"वह तो बहुत छोटा है...ठीक से बोल भी नहीं सकता, तेरे से भी गया-बीता!" तिया ने कहा।

"क्यों, उनकी माँ को क्या हुआ है?" ठुल दद्दा कभी जिज्जा का सीधा नाम नहीं लेते थे, 'उनका-उनका' करके बोलते थे। हम मुस्कराते थे, तो उनका चेहरा सुर्ख-सा हो जाता था और हम शर्म में पछताने लगते थे। सोचते थे, फिर कभी ऐसा नहीं करेंगे, लेकिन उनके सामने जिज्जा का नाम आ ही जाता था और हम उसका कुछ भी नहीं कर सकते थे।

"क्या वह बहुत बूढ़ी हैं?" ठुल दद्दा ने बिना किसी की ओर देखे पूछा।

"नहीं-नहीं," तिया बहुत उत्तेजित-सी हो गई, "वह तो जिज्जा की माँ भी नहीं लगतीं। बहुत सुन्दर हैं। कभी पौडर लगाती हैं, तो बिलकुल मेम जैसी दिखाई देती हैं, हँसती हैं तो उनके दाँत मोतियों-से चम-चम करते हैं।"

"हँसती हैं तो हँसती रहती हैं, लेकिन जब हाबलू सामने पड़ जाता है, तो रोने लगती हैं।"

"रोती हैं, तो रोती ही रहती हैं और किसी को अपने पास नहीं आने देतीं। अपना कमरा बन्द कर लेती हैं। जिज्जा उनके दरवाज़े पर खाने की थाली छोड़ आती हैं। जब साहिब जी आते हैं, तभी दरवाज़ा खोलती हैं," तिया ने कहा।

"साहिब जी?"

"करम कौर के बाबू...वह सुई लगाते हैं, तो कहीं जिज्जा भीतर जाती हैं।"

तिया को सब मालूम है। उसका घर जिज्जा के घर के नीचे है। इसलिए ठुल दद्दा कुछ सहम-से जाते हैं। भीतर जाते हैं, अपनी छोटी कैंची और अख़बार का काग़ज़ बरामदे में लाते हैं और दरी पर बैठकर खट-खट अपने पाँवों के नाख़ून काटने लगते हैं। नाख़ून काटते हुए उनकी ज़बान की सुर्ख़ नोक थोड़ी-सी बाहर निकल आती, जैसे वह स्लेट पर किसी बहुत मुश्किल सवाल का हल ढूँढ़ रहे हों! हल मिलते ही खट से नाख़ून कट जाता और हवा में उड़ता हुआ आधे चाँद-सा अख़बार पर गिर जाता और ठुल दद्दा बहुत ध्यान से उसे अपनी दो उँगलियों से उठाकर किनारे रख देते।

ठुल दद्दा किसी दूर-दुनिया में खो जाते। तिया कुछ डर-सी जाती, कुछ समझ में न आता, वह कहाँ चले गए हैं। जानी सिर उठाकर अँगड़ाई लेती, चूँ-चूँ करके रिरियाने लगती...जैसे सोते हुए उसने कोई सपना देखा हो! सपना-सा ही लगता वह छज्जा, सूखती धूप, अख़बार पर गिरते खट-खट नाख़ून...

हम चुपचाप बाहर निकल आए।

"जिज्जा का नाम सुनते ही क्या हो जाता है ठुल दद्दा को?" तिया ने पूछा।

"वह प्यार करते हैं," मैंने कहा।

"धत्...कहीं के!"

वह भागने लगी, मैं खड़ा रहा। फिर पीछे मुड़कर देखा, जानी ठुल दद्दा की गोद में सिर टिकाकर फिर कोई सपना देख रही थी और वह सिर झुकाए बैठे थे—छज्जे की पीली पहाड़ी धूप में आधे चन्द्रमाओं के बीच, जैसे वह कोई जादू का पिटारा हो, छुआ नहीं कि उड़ा नहीं।

बादल उड़ते थे, सूरज को ढक लेते, तो घरों पर छाँह गिरने लगती। भरी दुपहर में एक रुआँसी रोशनी रेंगने लगती। बहुत-से कव्वे बावड़ी की मुँडेर पर बैठ जाते। पत्थर मारो, तो भी बैठे रहते, जैसे कव्वे नहीं, मिट्टी के लोंदे हों! हाबलू ने हारकर गुलेल मुझे दे दी, "तुम मारना चाहोगे?"

मैंने गुलेल के रबड़ में ढेला फँसाया, सबसे पास बैठे कव्वे पर निशाना साधा, ढेला तो पता नहीं कहाँ गया, कव्वे ने गरदन मोड़कर मेरी तरफ़ कुछ ऐसे देखा, जैसे मैंने उसके ध्यान में ख़लल डाला हो!

"साले बेशर्म हैं," हाबलू ने कहा, "बम फेंको, तो भी अपनी जग्गे से नहीं हिलेंगे।"

"हाबलू, जग्गे नहीं, जगह," मैंने एक-एक अक्षर पर ज़ोर डालकर कहा।

"मेहरबानी करके आप चुप रहिए," हाबलू जब मुझसे नाराज़ होता था, तो 'आप' कहकर बुलाता था।

"जिज्जा ने मुझसे कहा था, तुम जब ग़लत बोलो, तो ठीक करना चाहिए।"

"आप बताइए, जिज्जा आपकी कौन लगती हैं?"

मैं कुछ भी नहीं लगता था, जबकि वह उसका भाई था, इसीलिए जब वह यह वार करता, मैं निहत्था-सा हो जाता।

"हाबलू, क्या तुम नाराज़ हो गए? मैंने तो डर के मारे कहा था।"

"कैसा डर?" हाबलू ने कुछ कौतूहल से मुझे देखा।

"जिन लफ़्ज़ों को तुम ग़लत बोलते हो, वे बेचारे बीमार पड़ जाते हैं। भगवान जी उन्हें अपने पास बुला लेते हैं।"

"क्या यह सच है?"

"सच नहीं तो झूठ? पता नहीं...ऐसे कितने लफ़्ज़ भगवान जी ने अपनी गुल्लक में जमा कर रखे हैं—लँगड़े-लूले।"

हाबलू कुछ देर चुप बैठा रहा, फिर मेरे पास सरक आया, "बताऊँ—तिया तो बहुत ही ग़लत बोलती है। सिकन्दर की कहानी सुनाती है, तो कहती है, जब उसने आसपास के मुर्ग़ों को जीत लिया तो हिन्दुस्तान पर हमला किया। वह मुल्कों को मुर्ग़े समझती है।"

"हिश...!"

सन्नाटे में बावड़ी के अँधेरे तल से गड़-गड़ की-सी आवाज़ सुनाई दी, जैसे कोई जानवर ग़ुस्से में गुर्रा रहा है! उसे सुनते ही सारे कव्वे लश्कर बाँधकर उड़ चले।

"बावड़ी से डरते हैं।" हाबलू ने कहा, "पत्थर मारने से तो नहीं हिले, अब कैसे दुम दबाकर उड़े जा रहे हैं।"

"कैसी आवाज़ है? चलो, नीचे चलकर देखते हैं।"

गीली सीढ़ियों पर बच-बचकर पैर रखना पड़ता था। बाहर की रोशनी का छोटा-सा हिस्सा एक सफ़ेद लट्टू-सा पानी पर तैर रहा था। एक-एक पौड़ी नीचे उतरते हुए जितना हम पानी के पास आते जाते, उतनी ही एक सीली-सी गन्ध ऊपर उठती जाती। सिर चकराने लगता—जैसे किसी अतल कुएँ की गहराई से बहुत-सी छायाएँ एक साथ ऊपर आ रही हों और बीच सीढ़ियों पर हमसे टकराकर तितर-बितर हो जाती हों!

"देखो, नीचे कौन बैठा है?"

हाबलू ने मेरा कन्धा दबोचा और मेरा दिल धक-सा रह गया।

बावड़ी की अन्तिम सीढ़ी पर करम कौर बैठी थीं। उन्होंने अपनी टाँगें पानी में छोड़ रखी थीं और उनकी सलवार टखनों तक खिंच आई थी।

"मैं चलता हूँ," हाबलू ने कहा।

"ज़रा रुको, मैं भी आता हूँ..."

लेकिन हाबलू इतनी जल्दी में था और सीढ़ियों पर इतनी रपटन थी कि ज्योंही मुड़कर मैंने उसे रोकने की कोशिश की, मेरा पाँव फिसल गया। हड़बड़ में हाबलू का तो कुछ पता नहीं चला, लेकिन करम कौर ने मुझे देख लिया। मुझे वहाँ देखकर वह कुछ उतनी ही चकित हो गईं, जैसे पानी से कोई मेढक उछलकर सीधे उनके सामने आ टपका हो!

"तुम यहाँ कैसे?" करम कौर का स्वर इतना तीख़ा था कि मैं सिर्फ़ सच बोलकर छुटकारा पा सकता था।

"ऊपर कव्वे उड़े थे," मैंने कहा।

"कव्वे?" करम कौर ने मुझे देखा, "और तुम?"

"मैं और हाबलू ऊपर बैठे थे, नीचे से आवाज़ आई थी।"

"हाबलू कहाँ है?"

"हाबलू," मैंने सोचा, सच ही बोलना है तो पूरा सच, "वह तो आपको देखकर ही भाग गया।"

मेरी सारी आशंकाओं को फोड़ती उनकी फुलझड़ी-सी हँसी सुनाई दी, "वह तो पागल है। और भला देवी की बावड़ी से कोई डरता है?"

उन्होंने अपनी टाँगें पानी से बाहर निकालीं, तो वे घुटनों तक नंगी थीं। सलवार के पायँचों को नीचे किया तो उन पर कीचड़ के धब्बे छिटके थे। दुपट्टे का एक सिरा पानी में था, दूसरा उनके हाथ में। जैसे वह मछली पकड़ने का काँटा डुबोकर बैठी हों! अचानक उन्होंने दुपट्टे को पानी में छप-छप करते हुए हिलाया और मेरी तरफ़ देखा, "कहीं यह आवाज़ सुनकर तो कव्वे नहीं उड़े थे?"

मैंने झिझकते हुए उनकी तरफ़ देखा।

नहीं, वह हँस नहीं रही थीं, अपने लम्बे बालों को सहेज रही थीं। हमेशा उनके चेहरे को देखकर लगता था कि वह सलवार-क़मीज़, दुपट्टे के अलावा भी कुछ और पहने हैं, जिसे वह बार-बार फिसलने से बचा लेती हैं...

क्या यह वही चीज़ थी जिसे देखकर लोग दूर से ही पहचान लेते थे—यह करम कौर है जिसकी शादी नहीं हुई? यह बात जब मैंने अपनी मौसी से पूछी तो वह हँसने लगी, "बस, कुछ नहीं।"

जब मैंने खोदते हुए पूछा कि जिन लड़कियों की शादी हो जाती है, तो उन्हें कैसे पहचाना जाता है? तब उन्होंने कहा कि जो लड़कियाँ अपनी माँग सिन्दूर से भरती हैं, समझ लो, उनकी शादी हो गई।

"लाल निशान, यह ख़तरे की निशानी है," उन्होंने कहा, "इसका मतलब है, ये लड़कियाँ अब तुम्हारे लिए नहीं हैं, इनसे दूर रहो।"

लेकिन करम कौर से दूर रहने का कोई मतलब नहीं था। उनके बालों में सिन्दूर की बात तो अलग रही, माँग भी दिखाई नहीं देती थी। सारे बाल एक जटा में उठकर एक लम्बी चोटी में कसे हुए नीचे उतर जाते थे, जैसे पहाड़ों से उमड़ती पानी की मोटी धारा नीचे उतरकर एक पतली नदी में बदल जाती हो। उनके कपोलों की उभरी हुई हड्डियों और ख़ाली आँखों के नीचे हमेशा एक चाँदी-सी चमक बैठी रहती थी, जिसे देखकर पता नहीं चलता था कि वह पसीने की झाँईं है या सिर्फ़ रोशनी की खरोंच।

"करम कौर जी, क्या आप यहाँ पाठ पढ़ने आती हैं?"

वह हँसने लगीं, "पगले, यह कोई पाठ की जगह है! यहाँ तो मैं सिर्फ़ देखने आती हूँ।"

"क्या देखती हैं?"

"कुछ नहीं मालूम।" वह धीरे-धीरे अपनी खुरदरी अँगुलियों से मेरी बाँहों को सहलाने लगीं।

मुझे डर भी लग रहा था और गुदगुदी भी हो रही थी। लग रहा था, जैसे उनकी अँगुलियों तले मेरी देह के रोंये खड़े हो रहे हैं, सूखे तिनकों-से सुलग रहे हैं।

"यहाँ कामना देवी अपनी बहन दुर्गा जी से मिलने आती हैं। दोनों बहनें एक साथ बावड़ी में नहाती हैं।"

मैं सन्देह के सन्नाटे में उन्हें देखता हूँ।

"कामना देवी का मन्दिर तो पहाड़ी पर है...क्या वह इतनी दूर पैदल चलकर नीचे आती हैं?"

"और नहीं तो क्या? तू सोचता है, वह कोई अंग्रेज़ मेम हैं जो रिक्शे में बैठकर नीचे उतरेंगी?"

मुझे विश्वास नहीं होता। कहाँ कामना देवी का मन्दिर, शहर के धुर ऊपर, जहाँ आकाश शुरू होता था और बादल चलते थे, कहाँ दुर्गा जी की बावड़ी, पाताल का तल छूती हुई। मुझे याद आया, एक बार मैं और हाबलू जिज्जा के साथ कामना देवी के मन्दिर गए थे। मैं और हाबलू बाहर तिब्बती बाज़ार में घूमते रहे और जिज्जा अकेली कामना देवी के मन्दिर में बैठी रहीं। पूरी दुपहर बाद जब हम नीचे उतरे तो एक ही बात मन में मँडराती रही, लेकिन इतना साहस नहीं हो सका कि मैं जिज्जा से कुछ पूछ सकूँ...

इतने दिनों बाद बावड़ी के अँधेरे में वह प्रश्न फिर एक बार कौंध उठा—अपनी बाँह पर करम कौर के हाथ को धीरे से पकड़कर मैंने पूछा, "करम कौर जी..."

"क्या है?"

"क्या यह सच है कि कामना देवी से जो कुछ माँगो, वह पूरा हो जाता है?"

वह हँसने लगीं, "पगले, जिनका अपना नाम कामना देवी है, वह दूसरों की कामना पूरी नहीं करेंगी?"

"क्या आपने कभी कुछ माँगा है?"

"छिः-छिः-छिः," उन्होंने दुपट्टे का सिरा अपने मुँह में ठूँस लिया, जैसे मैंने कोई गन्दी बात कह दी हो! चेहरे का रंग वैसे ही ख़ूब पका था, अब तो गरम तवे-सा बिलकुल सुर्ख़ हो आया था।

"आप अपनी चुन्नी मुँह से निकाल लीजिए, मुझे डर लगता है।"

उनकी आँखें फैली थीं, गाल फूले थे, माथे की नसें फड़क रही थीं। लेकिन मेरी बात सुनते ही उन्होंने दुपट्टा मुँह से बाहर निकाल लिया—टेनिस की गेंद की तरह गोल और गरम।

"क्या तू मेरी एक बात मानेगा?"

"कैसी बात?"

"अगली बार जब कामना देवी नीचे उतरेंगी, तू उनसे कुछ माँगेगा?"

"माँगूँगा, जो आप कहेंगी।"

"माँगना कुछ नहीं, सिर्फ़ पूछना होगा। देख, जैसे मैं कामना देवी हूँ और तू है करम कौर।"

उन्होंने चुन्नी मेरे गले में लपेट दी और उसके पल्लू से मेरा सिर ढक दिया। मैं करम कौर बन गया था और खुली आँखों से करम कौर को देख रहा था, जो कामना देवी से ज़्यादा काली देवी दिखाई दे रही थीं। काला दिप-दिप करता चेहरा, छोटी-चमकती आँखें, नाक के सिरे पर माता के दाग़!

अचानक उनकी चीख़ती-सी आवाज़ सुनाई दी, "बता अभागी करम कौर, तू क्या जानना चाहती है?"

"कामना देवी जी," मैंने सिर पर दुपट्टा सँभालते हुए कहा, "मेरा ब्याह कब होगा?"

उनके चेहरे पर एक भेद भरी मुस्कान खिल आई—बिलकुल वैसे, जैसे मन्दिर में कामना देवी की मूर्ति पर लहराती थी।

"ब्याह, इस उम्र में? करम कौर, तू सठिया तो नहीं गई है?"

"फिर मैं क्या करूँ, आप बताइए?"

"जाग, करम कौर, जाग!"

"मैं...मैं..." मैं हकला रहा था, जैसे कोई ऐन मौक़े पर अपना पार्ट भूल जाता है, फिर अचानक मेरे भीतर करम कौर की सारी मरी-बुझी

इच्छाएँ जागने लगीं, "देवी जी, मैं अब अकेले नहीं जी सकती, मुझे मार डालिए।"

करम कौर अपनी फटी-फटी आँखों से मुझे निहारती रहीं। बिना दुपट्टे के उनकी रूखी, ढीली छातियाँ हर साँस के साथ ऊपर जाती थीं, नीचे आती थीं।

"इधर आ, मेरे पास," उन्होंने मुझे बुलाया।

जब मैं उनके पास आया, उन्होंने मेरे गले में लटके दुपट्टे को दोनों सिरों से कसते हुए कहा, "तू मरना चाहती है, करम कौर?"

वह उसे कसती जा रही थीं और तब तक कसती गईं जब तक मेरे गले से गों-गों जैसी आवाज़ नहीं निकलने लगी, जिसे सुनकर मुझे हैरानी हुई कि यह मैं हूँ, मेरी आवाज़ है, मेरी देह की किसी अज्ञात गुहा से बाहर आ रही है।

"मर, मरती क्यों नहीं? मर, करम कौर, मर!"

तब सहसा वह आवाज़ धीमी पड़ गई—और मुझे लगा, मेरा गला ख़ाली है। न कोई कसक, न कराहट, सूखा और हल्का...आख़िरी धूप की मुरझाई डाल बावड़ी के पानी पर झूल रही थी।

"क्या आप जा रही हैं?"

"और नहीं? तू क्या रात भर बैठा रहेगा?"

उन्होंने धीरे से मुसा-सिमटा दुपट्टा मेरे गले से उतारकर अपने कन्धे पर डाल दिया। वह अब भी बावड़ी के पानी में भीगा था और बूँद-बूँद चू रहा था।

हम धीरे-धीरे सीढ़ियाँ चढ़ने लगे। जितना ऊपर चढ़ते जाते, रोशनी बढ़ती जाती, सीलन भरी दीवार की दरारें चौड़ी होती जातीं, जिनके भीतर गड़ी देवी-देवताओं की मूर्तियाँ उजली होती जातीं और दरवाज़े के पास दुर्गा जी तक आते-आते रोशनी का मंडल इतना चमकीला हो जाता कि

पता नहीं चला कि वह दुर्गा जी से छँटकर ऊपर जा रहा है या ऊपर की रोशनी नीचे झुक दुर्गा जी के पैरों को छू रही है...

जब मैं बाहर आया, तो कोई भी न था। बारिश के बाद का मैलापन था, दिन की रोशनी को ढकता था। ऐसे दिनों में मुझे अपने भीतर एक ठिठुरन-सी लगती थी, जैसे कोई रास्ता रोककर खड़ा हो! हटाओ, तो भी वह अड़ा रहता था। चलते रहो, तब तो कोई बात नहीं, लेकिन रुकते ही वह कील की तरह मन पर ठुँकने लगता था।

मौसी माँ को कुछ भी नहीं मालूम होता था। जब मैं घर आता, वह मंजी पर बैठ जातीं।

"लालदेई, अरी ओ लालदेई..." वह चिल्लाने लगतीं, जैसे जंगल से निकलकर कोई बाघ-चीता भीतर चला आया है!

लालदेई भागती हुई चौके से आती। चिट्टा चेहरा, पतली नाक, आँखों पर काँपती ऐनक। वह मुझे देखकर कुछ ऐसे शरमा जाती, जैसे छोटी-सी बच्ची हो, "छोटे भय्या, पहले मौसी माँ से मिल आओ। वह राह अडीगती हैं।"

उनके कमरे में जाते ही रज़ाई के गूदड़ की गन्ध सुँघाई देती। गरम, गुनगुनी, गदराई गन्ध चारों तरफ़ से घेर लेती। मैं जितना उनके पास आता-जाता, उनकी सफ़ेद पुतलियाँ एक जगह थिर हो जातीं और फिर अचानक भक से एक बल्ब की तरह जल जातीं।

"गिन्नर, इधर आ, इतनी देर कहाँ रहा?"

मैं उनके सिरहाने बैठकर उनकी रज़ाई के भीतर अपना हाथ डाल देता। गरमाई के गोले में उनकी देह का जो अंग मेरे हाथ लगता,

वह हाड़-मांस का न होकर एक खोई याद की तरह खुलने लगता। मौसी माँ की गरम देह, उनका मुरझाया मांस, हड्डियों के बीच ख़ाली खोखल, जहाँ सुख भी था और सन्नाटा भी और जब मौसी यों मुझे झिड़कते हुए पूछती, 'कहाँ रहा रे, सारा दिन?' तो मुझे कुछ भी याद नहीं आता।

जैसे चुप रहने की तरह याद करने की अपनी पगडंडी है जिस पर आशु भाई जैसे कवि लोग ही चल सकते हैं।

"मौसी माँ—क्या कभी ऐसा भी होगा?"

"क्या होगा?"

"मैं वैसा नहीं रहूँगा,जैसा मैं हूँ?"

मौसी माँ का मुरझाया हाथ रज़ाई के अँधेरे से बाहर निकल उसे टटोलने लगा, जो मेरा चेहरा था।

"यह पाप है बेटा!"

"पाप?"

"तैने अपने को माँगा था?"

"किससे? मुझे याद भी नहीं आता।"

"यही तो भेद है बेटा...जो याद नहीं आता, वही तुझे मिला है, वही तूने पाया है। जब तुझे याद आएगा, तब तू क्या ऐसा रहेगा, जैसा तू है?"

"कब?" मैंने उनके हाथ को अपने चेहरे से परे ठेलते हुए पूछा, "कब मौसी माँ? कब ऐसा होगा?"

"पर किसी को मालूम है?" वह गूदड़ के सिरहाने पर लेट गईं। "जब मैं तेरे जितनी थी, तेरी माँ मे पूछती थी। वह चली गईं और सब कुछ अपने साथ ले गईं। मेरे लिए कुछ भी नहीं छोड़ा—सिवाय एक गिन्नर के, और दूसरी यह गिलहरी के..."

चौके की देहरी पर लालदेई हँसती है। खिल-खिल करती हँसी की फुहार जैसे दीवाली की फुलझड़ी हो! चारों तरफ़ मोतियों-से अंगारे बिखेरती हुई अँधेरे में चमकती हुई सिर्फ़ एक विधवा ही ऐसे हँस सकती है। मैं सोचता हूँ, उसकी चमक अँधेरे में किसी बनैले जीव की आँख की तरह दिखाई देती है। न जाने कितने जंगलों में विधवाएँ घूमती होंगी।

लालदेई का जंगल हमारे चौके में है। माँ के मरने पर वह जब यहाँ आई, तो यहीं आकर रह गई, हालाँकि बाबू यह नहीं चाहते थे। मौसी माँ अगर पलंग न पकड़ती, तो उसे जाना ही पड़ता। कोई भी उसे नहीं रोक पाता। अब तो बाबू भी जब उसे बुलाते हैं, तो दोस्तों से कहना नहीं भूलते—यह हमारी छोटी नातिन है, लेकिन हम इसे बहन से भी ज़्यादा मानते हैं।

लालदेई बिल्ली की तरह बिस्तर पर आई और मौसी माँ के कानों में चिल्लाकर बोली, "माँ जी, बाजा सुनना है?"

मौसी माँ ने झपटकर रज़ाई अलग फेंकी और उठकर बैठ गईं, "कैसा बाजा?"

कमरे की खुली खिड़की से धीमी, धूमिल-सी धुन आती थी, हार्मोनियम की उदास उठती-गिरती उसाँस अँधेरे में आकाश से जैसे कोई तारा टूटकर बहता आता है, वैसी ही वह आवाज़ खिड़की के भीतर आती थी। लालदेई और भी नीचे झुक आई बिलकुल मौसी माँ के ऊपर, फुसफुसाती स्वर में बोली, "चलें माँ जी, चलकर देखें?"

मौसी माँ की गरदन एक अड़ियल घोड़ी की तरह दाएँ-बाएँ डोल रही थी। वह सो रही थीं या सिर्फ़ सोने का बहाना कर रही थीं, जानना आसान नहीं था, क्योंकि उनकी आँखें जैसे सोते हुए भी कुछ खुली रहती थीं, वैसे जागते हुए कुछ मुँदी रहती थीं। मैंने उनका पल्लू खींचा, "चलें मौसी, चलकर देखते हैं।"

खिड़की छोटी थी। एक पाँव पलंग पर टिकाकर हाथ से खिड़की के पल्ले का सहारा लेकर दूसरे पैर के बल उतरना पड़ता था। पहले मैं नीचे उतरा, मौसी माँ का हाथ पकड़ा और दूसरी तरफ़ से लालदेई ने उन्हें गोद में उठाकर खिड़की के चौखटे पर टिकाया, ताकि मैं उन्हें अपनी तरफ़ खींच सकूँ। वह धप से नीचे आईं तो ज़ोर से लालदेई पर चिल्लाईं, "मुझे खड्ड में फेंकेगी?"

मैंने जल्दी से उनके मुँह पर हाथ रखा, "मौसी, इस तरह चिल्लाओगी, तो बाजे की आवाज़ कैसे सुनाई देगी?"

"अरे चल बाजे वाले!" उन्होंने मेरा हाथ छिटककर अलग किया और धोती झाड़ती हुई उठ खड़ी हुईं, "मुझे कुछ नहीं सुनना। तू जाने और तेरी बुआ जाने!"

इस बीच लालदेई छज्जे पर आ गई थी और मुँह में पल्लू ठूँसकर खी-खी हँस रही थी। मन तो मेरा हुआ, उसका मुँह नोंच लूँ, लेकिन यह घड़ी लड़ने-भिड़ने की नहीं थी। एक बार छज्जे पर आकर फिर आगे बढ़ा जा सकता था। बीच में ग़ुसलख़ाने का दरवाज़ा पड़ता था और उसके आगे रोशनी का धब्बा, जो बाबू की खिड़की से बाहर छिटक रहा था।

हम छज्जे के अँधेरे में चुपचाप साँस लेते रहे। गाने का वह स्वर, जो कमरे में इतना मन्द, रुई में बन्द-सा सुनाई देता था, अब रोशनी की नंगी शहतीर की तरह खुला-खुला पास आ रहा था। मौसी माँ का ग़ुस्सा भी उसकी रौ में बहने लगा और जब मैंने उनका हाथ पकड़कर धीरे से खींचा, तो उनके पाँव अपने-आप मेरे साथ चलने लगे।

जुलूस के सबसे पीछे लालदेई आ रही थी। उसकी लम्बी छाया नीचे झाड़ियों तक दिखाई देती थी और वह धीरे-धीरे लम्बी होती जाती थी, जितना हम खिड़की की रोशनी के पास पहुँच जाते थे।

अचानक मौसी माँ की पकड़ मेरी बाँह पर कस गई। जैसे उन्हें कोई प्रेत दिखाई दे गया हो!

"देख तो, वहाँ कौन बैठा है?"

"दाऊ हैं, और कौन हैं!"

अँधेरे में लालदेई की आवाज़ सुनाई दी।

बीच में काठ की चौकी रखी थी, जिस पर पानी का जग रोशनी में झिलमिला रहा था। जब बाबू हाथ आगे बढ़ाकर गिलास उठाते, तो मैं खिड़की के पीछे हट जाता, जैसे वह हाथ कहीं आगे बढ़कर हमें छू लेगा, पूछेगा—भला इतनी रात को तुम यहाँ कैसे? लोगों की बात याद आती : जैसा बाप, वैसा बेटा। मुझे ग़ुस्सा आता, तो गर्व भी होता, क्या मैं उनके जैसा हूँ जो कमरे में ग्रामोफ़ोन के सामने बैठा है?

"गाने वाली बात तो कहीं नज़र नहीं आती!" पीछे से लालदेई ने कहा।

"चुप, धीरे बोल...देखती नहीं, वह बाजे के भीतर से गा रही है!" मैंने कहा।

"कहाँ भीतर से?" लालदेई देखने के लिए नीचे झुकी तो उसके बालों की चोटी लहराती हुई खिड़की पर लटक आई।

बाबू का मुँह मुड़ा था, इसलिए उन्होंने देखा नहीं। देखते, तो सोचते, जैसे कोई साँप छत से नीचे लटक रहा है—इतनी लम्बी थी लालदेई की गुत!

मैंने उसे पीछे धकेला, तो मौसी माँ डर के मारे चीख़ उठीं, "डायन!"

"कौन है?"

बाबू का सिर खिड़की की तरफ़ मुड़ा ही था कि हम तीनों के सिर खिड़की के नीचे थे। घुप्प अँधेरे में कुछ भी दिखाई नहीं देता था। लालदेई ने चौकस में मौसी माँ का मुँह भींच रखा था, इसलिए सन्नाटे में उनकी छाती से उठती हुई घुर्र-घुर्र के अलावा कुछ भी सुनाई नहीं देता था।

बाहर झींगुरों के संगीत के साथ मौसी माँ की साँसें कुछ इस तरह घुल-मिल गई थीं कि बाबू को इन दोनों के बीच कोई अन्तर नहीं जान पड़ा। वह शायद कुछ सुन भी नहीं रहे थे—गाती हुई उस औरत की आवाज़ भी नहीं, जो धीरे-धीरे मन्द पड़ते हुए मोमबत्ती की लौ की तरह फड़फड़ाई थी और फिर अचानक बुझ गई थी। लगता था, रोशनी के बीचोबीच वह कहीं अँधेरे में बैठे हैं...

मैंने उन्हें हमेशा ऐसे ही देखा था। पता नहीं, जब माँ जीवित थीं तब वह कैसे थे, लेकिन जिज्जा बताती हैं कि 'तेरे बाबू का मन अब इस दुनिया में नहीं है।' इस दुनिया में नहीं है तो पता नहीं, वह कहाँ जा सकता है?

छज्जे के ऊपर चाँद निकल आया था। लालदेई के कन्धे पर सिर टिकाकर मौसी माँ सो रही थीं और लालदेई—वह अपनी फफकती आँखों से बाबू को लील रही थी, जो भीतर बैठे थे, रोशनी के बीच अँधेरे में...

"कैसा लगता होगा दाऊ को?" उसने धीरे से कहा।

"कैसा?"

"इस तरह बाजा सुनना, अकेले में?"

"करम कौर कहती थी..."

"चुप!" लालदेई ने फुत्कार-सी मारी।

बाबू ने बोतल से कोई लाल-लाल-सी चीज़ गिलास में डाली, फिर जग को उलटाकर पानी डाला और जब गिलास भर गया तो धीरे से उठे और बरामदे की तरफ़ वाला दरवाज़ा खोल दिया, बत्ती बुझा दी... भूरी-सी चाँदनी में अब सिर्फ़ उनकी छाया दिखाई देती थी—जग, गिलास और बोतल के बीच बैठी हुई।

"क्या कहती थी करम कौर?" लालदेई ने फुसफुसाते हुए पूछा।

मैं कुछ नहीं बोला।

"क्या कहती थी, बताता क्यों नहीं?"

"बोलो नहीं," मैंने कहा।

"लोग ठीक कहते हैं...तू आधा पागल है।"

"और आधा?"

"आधा वह...जो कमरे में बैठे हैं।"

मैं कुछ कहता कि फिर उस औरत की आवाज़ सुनाई दी, जो अभी कुछ देर पहले गा रही थी।

ऐसे ही दिल दुखता होगा पीड़ा की एक-एक कतरन में। ठुल दद्दा जैसे नाख़ून काटते थे, जमा करते थे, वैसे ही वह आवाज़ छीलती जाती थी—काग़ज़ की चिन्दियों-सी, जिस पर आशु भाई अपनी कविता लिखते थे और चिन्दी-चिन्दी में फाड़ डालते थे।

क्या यह वह दुनिया थी जिसमें बाबू का मन और मेरा पागलपन एक साथ मिलकर रहते थे?

बहुत देर तक जब कोई आवाज़ सुनाई नहीं दी, तो पीछे मुड़कर देखा, लालदेई मौसी माँ का हाथ पकड़कर कमरे की तरफ़ लौट रही थी, उसके पीछे-पीछे हार्मोनियम का सुगबुगाता-सा स्वर जा रहा था। सबसे पीछे चाँद, जो आड़ू के पेड़ से उतरकर जिज्जा की छत पर चला आया था।

['साहित्य वार्षिकी' : इंडिया टुडे, 1993]

आँख की झील से

छत की मुंडेर पर गीली साड़ी फड़फड़ा रही है। पीछे कोई चेहरा है, जो बादलों में छिपा जान पड़ता है। कभी धूप निकल आती है, कभी बादलों की उड़ती छाँह। ज़ीने की सबसे ऊँची सीढ़ी पर हाबलू ठिठक जाता है, पीछे मुड़कर मेरी ओर देखता है। एक भेद-भरी भंगिमा में मुँह खुल जाता है—'चुप', वह दो अँगुलियाँ अपने खुले होंठों पर रख देता है।

सब चुप तो है। सन्नाटा साँय-साँय करता है। अलूचे का पेड़ सरसराता है। कोई पका अलूचा गिरता है, तो टीन की ढलुआ छत पर सरसराहट होती है—टप-टप! आँखें उठती हैं और हमारे पैर ठिठक जाते हैं।

जिज्जा की आँखें कोई आँखें हैं? गले में लिपटी बालों की चोटी साँप-सी लहराती है। दुपट्टे का एक छोर कन्धे पर टिका है, दूसरा नीचे फ़र्श पर लेटा है, जिसका उन्हें कोई पता नहीं। उन्हें यह भी पता नहीं कि हम वहाँ हैं। छत पर। मुंडेर की ओट में। अलूचे की डोलती डालों तले। वह अपने में खोई हैं निमग्न।

वह चावल बीन रही हैं। दाएँ हाथ पर हरे काँच की दो चूड़ियाँ हिलती हैं, हल्की-सी खनक होती है, बायाँ हाथ ठुड्डी पर स्थिर है। घुटनों पर चावलों की थाली है, नीचे गाढ़े पीले रंग का लहँगा, जिसके नीचे से दो चिड़ियों जैसे पैर बाहर निकले हैं।

ज़ीने की सीढ़ी से सब दिखाई देता है। थाली पर झुका चेहरा। हवा में उड़ते बाल और आँखें? पैरों का खटका सुनते ही वे चौंकीं-सी। आँखें ऊपर उठती हैं। हमारी तरफ़। हवा में। क्या वह मुस्करा रही हैं, या सिर्फ़ धूप है, जो बादलों के साथ आँख-मिचौनी करते हुए उनके चेहरे पर दिपदिपा रही है?

वह देखती मुझे हैं, पर बुला हाबलू को रही हैं। हाबलू उनके पास आकर अब उनके कान में कुछ फुसफुसाता है। एक हल्का-सा विषाद उनके चेहरे पर चला आता है। वह सुन रही हैं। आँखें उठाकर मुझे देखा है। उनकी निगाहें मुझे निगल रही हैं...फिर अचानक हाबलू को अपने से अलग कर देती हैं, उठ खड़ी होती हैं। आँखों से मुझे बुलाती हैं—और मेरे भीतर एक ठंडी-सी बर्फ़ का धुआँ उठने लगता है।

वह उठ खड़ी होती हैं। चावलों की थाली को पटरे पर रख देती हैं, जिस पर वह अभी बैठी थीं। वह मेरे पास चली आती हैं, अपनी बाँह में मेरे कन्धों को लपेट लेती हैं, मुझे अपने साथ लिये चलती हैं।

ऊपर छज्जे की छत है। हवा में हल्के-हल्के डोलती हुई। यह जंगल की हवा है—धूप की मखमली चादर पर अपने सुनहरे पंख डुलाती हुई। उन्होंने मेरा हाथ पकड़ रखा है, पर छज्जा इतना सँकरा है कि दो का एक साथ चलना दूभर है। उनका लहँगा मेरी टाँगों को सहलाता है। हाबलू की साँस मेरे नंगे गले पर सरसराते हुए निकल जाती है।

हठात् वह ठहर जाती हैं और मैं लुढ़कता हुआ आगे बढ़ पाता हूँ। एक अजीब, कसैली गन्ध का झोंका आता है, पुराने बुख़ार की नमी जैसा। हाबलू की आँखें फैल जाती हैं—जैसे उसने किसी जाने डर को

अनजाने रास्ते से आते हुए टोह लिया हो! हमें पता भी नहीं चलता कि कब हम अकेले छोड़ दिये गए हैं और वह भीतर चली गई हैं। रोशनी के साथ-साथ जहाँ-जहाँ वह जाती हैं, रोशनी उनके साथ-साथ चलती जाती है। फिर वह ठहर जाती हैं, दो में बँट पाती हैं—एक जिज्जा पर, दूसरी...

दूसरी लेटी है, गुड़मुड़ी-सी, नीचे फ़र्श पर, दो तकियों के बीच, मैली-सी चादर ढके हुए, देह की छाँह को बदन के नीचे बिछाए हुए।

हाबलू ने मेरा हाथ कसकर पकड़ लिया।

'अब चलते हैं...' उसके हाथ का सूखा कम्पन मेरी देह में बिजली के तार की तरह थरथराता है। मैं उसे दाबे रहता हूँ, पर थरथराहट थमती नहीं, जब तक परदा नहीं उठता...

वह उठ रहा है, चादर के साथ-साथ, जिसे जिज्जा ने ऊपर उठाया है, करीने से फ़र्श पर बिछी बिस्तर की देह पर फैलाया है। तकिये के नीचे से काले दाँतों वाली कंघी को निकाला है, चुन्नी के छोर से उसमें फँसी सफ़ेद मैल को पोंछा है, बहुत धीरे से, सँभलकर। उनका सिर ऊपर उठाया है, जो बिस्तर पर औंधे मुँह लेटी थीं।

वही चेहरा, वही बिफरती आँखें, उजले, बिखरे, आधे काले, आधे सफ़ेद बाल, जिन्हें हम छज्जे को पार करते देखते थे और दिल की धड़कन के भीतर उठती रुआँसी-सरसराहट को भीतर-ही-भीतर मींचे भागते चले जाते थे।

कौन है यह, जो छज्जे की बरसाती के बन्द दरवाज़ों के भीतर रहती है, दिन-रात, रात और दिन, चौबीस घंटे? सिर्फ़ जिज्जा ही भीतर जा सकती हैं...और कोई दूसरा नहीं? क्या यही हाबलू की अम्मा हैं, जिज्जा की माँ?

जिज्जा उनके रूखे बालों पर कंघी फेर रही हैं। औरत का सिर उनकी छाती पर झुक आया है, बाक़ी देह चादर से ढकी है। जब कभी बालों का उलझा गुच्छा कंघी के दाँतों में फँस जाता है, तो स्त्री का चेहरा

एक भयानक कराहट में विकृत-सा हो जाता है, गोद में रखी दोनों मुट्ठियाँ कस जाती हैं, पर जिज्जा के हाथ की कंघी बिना डगमगाए एक किश्ती-सी बालों के बीच रास्ता बनाते हुए ऊपर तक चली जाती है और लौटते हुए सफ़ेद गुच्छे का ख़ज़ाना अपने जबड़ों में पकड़कर नीचे ले आती है।

अचानक कोई खटका-सा हुआ, वह मुड़ीं, जिज्जा का हाथ झटककर अलग कर दिया। उनकी निगाहें तैरते हुए छज्जे पर चली आईं जहाँ हाबलू खड़ा था। किसी घने बीहड़ से कोई पहचान बाहर आई, पुराने जालों के बीच अँधेरे में चमकने लगी...

"कौन है यह? यहाँ कैसे खड़ा है?"

जिज्जा की आवाज़ सुनाई दी, "हाबलू, इधर आओ। देखो, अम्मा बुला रही हैं।"

हाबलू मेरे पीछे खड़ा है, मेरी क़मीज़ खींच रहा है।

"मेरा बच्चा। आएगा नहीं? बदमाश कहीं का!"

वह मुस्करा रही हैं, पर चेहरे पर कोई ख़ुशी नहीं है। खुले मुँह के खोह से बाहर निकले हुए लम्बे दाँत दिखाई देते हैं। सूखे होंठों पर गड़े हुए। आँखों में सफ़ेद पुतलियाँ पानी में तैर रही हैं।

जिज्जा ने धीरे से उनका चेहरा अपनी तरफ़ खींच लिया, बालों को समेट दिया, उन्हें अपनी अँगुलियों में लपेटकर चोटी बनाने लगीं। स्त्री ने आँखें मूँद लीं, जैसे बिल्ली को सहलाते हुए वह आँखें मूँद लेती है। जिज्जा की लम्बी, साँवली अँगुलियाँ उनके छितरे बालों को समेट रही है। जैसे वह उनकी बेटी न होकर उनकी माँ है—अपनी पागल माँ की माँ!

हाबलू हिम्मत कर कुछ आगे सरक आता है, जैसी अम्मा की आँखें बन्द होते ही वह उनके पास आ सकता है, जैसे वह बहुत पहले थीं, जब वह अँधेरे में रास्ता भूलकर कहीं और नहीं चली गई थीं—पर वह तो सामने बैठी हैं, आँखें मूँदे, जैसे वह कामना देवी की पूजा कर रही हैं। जब वह उनके और जिज्जा के साथ मन्दिर जाता है और प्रसाद के

प्रलोभन में दहलीज़ पर बैठा रहा करता था और जिज्जा मन्दिर के चारों तरफ़ परिक्रमा करने के बहाने दौड़ा करती थीं और वह सोचता था, जिज्जा पागल हैं, बिना यह जाने कि देवी की कामना अम्मा पर है, पागलपन का प्रसाद अम्मा के लिए है और वे दोनों भाई-बहन हमेशा के लिए देवी की कामनाओं को, धुर चोटी से, माँ के सिर पर झरता देखते रहेंगे।

क्या ऐसा होता है?

अब वह उनके पास, बिलकुल उनके सामने आ गया है। उन्होंने आँखें खोल दी हैं। वह अपनी फैली आँखों से हाबलू को ताक रही हैं, अपने शिकार की तरफ़ जो होश-हवास खोकर खिंचता चला आता है, उस अँधेरे अन्तराल को लाँघता हुआ, जो पानी के गड्ढे-सा उनके बीच फैला है...

सहसा तड़ाक-तड़ाक-सी आवाज़ होती है, ताबड़तोड़ थप्पड़ों के नीचे हाबलू के दो सुर्ख़ सुलगते गाल उभर आते हैं, पर वह हिलता नहीं, मिट्टी के लोंदे की तरह एक ही जगह खड़ा रहता है, स्त्री के हाथों को चीलों-सा अपने सिर पर मँडराता देखता रहता है, जब तक जिज्जा उसे धकेल नहीं देतीं, अम्मा को अपनी बाँहों में लपेट नहीं लेती।

वह रो रही हैं, बाँहों में बँधी छटपटा रही हैं, अपने माथे को दोनों हाथों से पीट रही हैं, जैसे अपने लड़के के साथ जो कुछ किया था, उसका बदला अपने से निकाल रही हैं। जिज्जा ने उनका हाथ पकड़ा और घसीटते हुए उन्हें पलंग के पास ले आईं। बहुत कोशिश की उन्हें लिटाने की, पर वह पलंग के पाए पकड़कर बैठी रहीं, धोती घुटनों तक खिंच आई और तब मैंने देखा, उनकी सुन्दर सुडौल पिंडलियों को, जो संगमरमर की तरह रोशनी में चमक रही थीं, जबकि उनका चेहरा झुर्रियों के जाले में आँसुओं से नहा रहा था।

क्या ऐसा होता है कि कुछ लोगों की देह उम्र के एक छोर पर ठिठकी रहती है और चेहरा किसी दूसरे छोर पर चला जाता है और दोनों को एक-दूसरे की कोई ख़बर नहीं मिलती?

उनका सिर धीरे-धीरे पलंग के पाए से सरकता हुआ नीचे चला आता है। जिज्जा उन्हें सहारा देकर फ़र्श की चटाई पर लिटा देती हैं, इस बार वह कोई विरोध नहीं करतीं, यह भी भूल जाती हैं कि वह रोई थीं। गालों पर आँसुओं के चकत्ते वैसे ही दिखाई देते हैं, जैसे पानी के चहबच्चे, जो बारिश रुकने के बाद धूप में चमकते रहते हैं । जिज्जा ने कुछ देर पहले जो चोटी बनाई थी, वह ढीली होकर आधी खुली, आधी बँधी-सी लेटी है। उसमें अटका परांदा एक काले साँप-सा उनकी छाती पर अवश-सा डोल रहा है।

जिज्जा धीरे-धीरे अपने हाथों से उनके माथे को सहला रही हैं। वह सूनी आँखों से दरवाज़े की ख़ाली देहरी को देख रही हैं, जहाँ छज्जे पर हम खड़े थे। हाबलू का कुछ पता नहीं है। जहाँ कुछ देर पहले वह खड़ा था, वहाँ अलूचे के पेड़ की हरी-पीली पत्तियाँ सरसरा रही हैं।

मैं चलता गया। ढलती धूप का सिरा कहीं नीचे घाटी में फड़फड़ा रहा था। मेरे भीतर कुछ भरता जाता था, और भर-भरकर कोई बाहर उलीचता जाता था। ढुल दद्दा होते तो मैं उनसे पूछ लेता, यह क्या है, जो दूसरों के साथ होता है और हमें अपने साथ ले चलता है?

मिट्टी, पानी, हवा, सब एक साथ घुलते जाते हैं, हमें अपने में गूँथते जाते हैं और एक दिन अचानक लगता है कि हम वह नहीं हैं, जैसा दूसरा देखते हैं। लगता है, आईने के सामने हम खड़े हैं और शक्ल किसी दूसरे की देख रहे हैं।

लगता है—यह मैं अब कहता हूँ—उन दिनों 'लगता' कुछ भी नहीं था, सोचता था, जो वैसा ही होता था। जो होता था, वह सच लगता था। नहीं, लगता नहीं था, वही सच होता था। सच के आँचल में सारी दुनिया ढकी थी।

अचानक पैर रुक गए। दूर बावड़ी की ढलान दिखाई दी। पीपल की छाया तले धूप की बुन्दकियाँ चमक रही हैं। पानी की टंकी में चढ़ते पानी की साँस सुनाई देती है। उसके ऊपर हरी घास एक हथेली की तरह उठी है। दूर से देखो, तो वह एक बैठे जानवर-सी दिखाई देती है, अपने शिकार पर झपट्टा मारने को आतुर। टंकी की साँस में उसकी गुर्राहट और भी अधिक भयावह जान पड़ती है। अँधेरे में लोग उससे किनारा करके जाते हैं, पर दिन की धूप में वहाँ सिर्फ़ हवा में सरसराती घास के अलावा कुछ भी दिखाई नहीं देता।

हाबलू वहीं लेटा है—घास की हथेली पर।

इच्छा होती है, किनारे से निकल जाऊँ, उसे पता भी नहीं चलेगा, पर जब पास आता हूँ, तो मन भारी हो उठता है। घास पर लेटी उसकी मुड़ी पीठ हल्के से हिलती है, जैसे उसने मुझे देख लिया है हालाँकि हाबलू की आँखें दूसरी तरफ़ हैं। मेरे भीतर सब कुछ ठहर जाता है।

"हाबलू, तुम यहाँ हो?"

उन दिनों हम ऐसे ही सवाल पूछते थे, अपने को दिलासा देने के लिए। आँखों से जो देखा है, वह कहीं धोखा तो नहीं है?

वह चुप लेटा रहा। जवाब देता भी क्या! क्या यह कहता, नहीं, मैं यहाँ नहीं हूँ? मैं भी उसके पास घास पर बैठ गया।

चारों तरफ़ मन्द रोशनी फैली थी। बादलों के टुकड़े अलग-अलग अलसाए-से एक जगह स्थिर टँगे दिखाई देते थे, पर वे थे नहीं। कुछ देर बाद देखा, तो वे अपनी जगह से सरककर दूसरी जगह जाते जान पड़ते थे, जैसे नीले पानी पर काग़ज़ की सफ़ेद किश्तियाँ तैर रही हों! जैसे ठुल दद्दा उन्हें काग़ज़ से कतर कर मिनी के लिए बनाते थे।

कुछ देर सन्नाटा रहा। सिर्फ़ टंकी में पानी की सर्र-सर्र फुत्कार सुनाई देती।

हाबलू की पतली-सी आवाज़ सुनाई दी, "तुम्हें कैसे पता चला, मैं यहाँ हूँ।"

"कुछ नहीं। तुम जब लड़ते हो, तो यहीं आकर लेट जाते हो।"

इस बार उसने अपना चेहरा मेरी ओर मोड़ लिया, "मैं लड़ा कहाँ था?"

"तुम भाग क्यों आए? वह तुम्हें बुला रही थीं।"

उसने सिर हिलाया। कुछ भी कहना नहीं था। यह वह जगह थी, जहाँ पहली बार शब्दों के भिनभिनाते घटाटोप के भीतर कुछ भी दिखाई नहीं देता। वह चुपचाप ख़ाली आँखों से आकाश को देख रहा था।

"ऐसा कब से है हाबलू?"

"ऐसा क्या?"

"तुम्हारी अम्मा कब से ऐसी हैं?"

उसने धीरे से सिर हिलाया।

"मत बताओ।"

मैं भी घास पर लेट गया। अब हम दोनों खुले नीले आकाश पर आँखें टिकाए थे। कुछ देर तक जब वह कुछ नहीं बोला, तो मैंने मुड़कर उसकी ओर देखा। वह निस्तब्ध आँखों से हवा में उड़ते बादलों को देख रहा था।

"वह हमेशा से ही ऐसे नहीं थीं। जिज्जा बताती हैं, जब बाबू देर से रात को घर लौटते थे, तो वह बिना खाए-पिए अपने कमरे में लेटी रहती थीं। किसी को भीतर नहीं आने देती थीं। ताला बन्द कर लेती थीं। बाबू आते थे, तब भी नहीं खोलती थीं।"

वह बोलता गया, फिर आवाज़ मन्द पड़ने लगी। फिर सब कुछ चुप हो गया।

"हाबलू, तुम्हारे बाबू कहाँ हैं?"

"मुझे नहीं मालूम..."

"क्या वह कहीं चले गए?"

वह मुड़ा, मेरी ओर झिपाझिपाई आँखों से देखा। उसके बालों में घास के तिनके फँस गए थे, पर उसे उनका कोई पता नहीं था।

"क्या वह अब घर नहीं लौटेंगे?"

"कैसे लौटेंगे...अम्मा नहीं आने देंगी।"

"क्यों नहीं आने देंगी?"

कुछ देर तक वह चुपचाप धूप में तिरते बादलों को देखता रहा। फिर वह धीरे से मेरी ओर मुड़ा—आँखों की नीरवता इतनी घनी थी कि उनमें कुछ भी दिखाई नहीं देता था। कोई पुरानी स्मृति अपने शब्दों को टटोल रही थी।

"एक बार वह रात को देर से लौटे तो अम्मा ने दहलीज़ का दरवाज़ा बन्द कर लिया। वह बहुत देर तक दरवाज़ा खटखटाते रहे। जब जिज्जा साँकल खोलने जाने लगीं तो अम्मा ने उन्हें घसीटकर पलंग पर तो लिटा दिया, तब तक उसे पकड़े रहीं, जब तक दरवाज़े की खटखटाहट बन्द नहीं हो गई।"

"तुम कहाँ थे हाबलू?"

"अपने कमरे में। दरवाज़े पर शोर सुनकर मैंने अम्मा से पूछा, 'कौन है?' तो वह हँसने लगीं। कहने लगीं, 'भूत है, अब कभी नहीं आएगा।' इसके बाद माँ ऐसी ही हैं। दरवाज़ा बन्द किये अँधेरे में लेटे रहती हैं। सिर्फ़ जिज्जा को ही कमरे में आने देती हैं। शुरू में बहुत ज़ोर-ज़ोर से चिल्लाती थीं...खाने की थाली बाहर फेंक देती थीं। पर अब कुछ नहीं करतीं। पता नहीं, दिन भर अकेले में अपने साथ क्या करती रहती हैं? जिज्जा जब उनके पास भीतर जाती हैं, तो उनके साथ बहुत-सी बातें करती हैं। मैं बाहर खड़ा सुनता हूँ, तो कुछ समझ में नहीं आता, क्या कह रही हैं। बाबू का नाम जब कभी आता है, तो चीख़ने लगती हैं।"

"तुमने उन्हें फिर कभी नहीं देखा?"

"किन को?"

"अपने बाबू को?"

"नहीं, लेकिन..."

"क्या हाबलू?"

"मुझे कभी रात को सोते हुए लगता है, कोई दरवाज़ा खटखटा रहा है।"

"तुमने जिज्जा को नहीं बताया?"

"बताया था। वह कहती हैं, बाबू अब नहीं आएँगे।"

"क्यों? क्या वह...?"

मैं कहने वाला था, क्या वह मर गए? पर मुझे लगा, यह नहीं कहना चाहिए। पर हाबलू समझ गया, जो मैंने नहीं कहा था।

"जानते हो, हमारे मामा बहुत दिन पहले बद्रीनाथ के मन्दिर गए थे। वहाँ उन्होंने किसी एक साधु को देखा, जो बाबू जैसा लग रहा था, किन्तु वह उन्हें बुला पाते, इससे पहले ही वह कहीं भीड़ में खो गया। मामा ने बहुत ढूँढ़ा पर वह फिर दिखाई नहीं दिये।"

"तब तो वह कभी भी आ सकते हैं," मैंने कहा।

हाबलू ने सिर हिलाया।

जिज्जा कहती हैं, "जिस तरह माँ इस दुनिया में रहकर भी कहीं और चली गई हैं, वैसे बाबू भी दिखाई वैसे ही देते हैं, जैसा हम उन्हें जानते थे, पर वह हममें से किसी को नहीं पहचानते।"

"क्या ऐसा होता है, हाबलू?"

हाबलू कुछ नहीं बोला।

हम देर तक घास की हथेली पर लेटे रहते हैं। टंकी में पानी चढ़ने की सरसराहट मन्द पड़ती जा रही है। ऊपर बादलों के भीतर से सूरज फिर निकल आया है, पर दुपहर जैसा चमचमाता हुआ नहीं। वह अब पीला, मुरझाया फूल जैसा आकाश में टँगा दिखाई देता है।

['आउटलुक साप्ताहिक' : जनवरी, 2002]

इन कहानियों के बारे में

रिश्ते

चौबीस वर्ष आठ-नौ महीने की उम्र में निर्मल की यह पहली प्रकाशित कहानी। शायद चौबीस की उम्र में लिखी होगी, दो-तीन बार अपनी बारीक लिखाई में फ़ेयर किया होगा, फिर क़रीब छह-सात महीने तक छपने का इन्तज़ार, जैसे कोई भी नवोदित करता है।

सेंट स्टीफ़ेंस कॉलेज और दिल्ली यूनिवर्सिटी छूटे उन्हें दो-तीन बरस हो गए थे।

कहानी कॉलेज का हॉस्टल छोड़ने से शुरू होती है, जहाँ रहकर नायक पाँच वर्षों से पढ़ाई कर रहा था।

(परीक्षा के निकट आने वाले महीनों में निर्मल क़रोलबाग़ का घर छोड़कर सेंट स्टीफ़ेंस के हॉस्टल में रहने आ जाते थे, 'पढ़ाई करने'। शेष समय वह क़रोलबाग़ से सेंट स्टीफ़ेंस कॉलेज अपनी साइकिल पर आते-जाते, रिज के अकेले रास्ते से।)

उन दिनों साइकिल की सवारी मस्त थी, याद करिए, कितनी ही पुरानी हिन्दी फ़िल्मों में कॉलेज के विद्यार्थी हीरो-हीरोइन गाने गाते हुए!

आज यह कहानी अपनी वयस्कता में चकित करती है। बाईस साल का नायक और चौबीस साल का लेखक!

ग़ज़ब का चैतन्य है दोनों में। पाँचों इन्द्रियाँ न केवल अपने आसपास का सब देखतीं-महसूस करती हैं, उसे शब्दबद्ध भी करती चलती हैं। मालूम नहीं कितने युवाओं में इस तरह की तीव्र अनुभव-शक्ति होती है।

इस पहली कहानी में ही कुछ ऐसे विवरण आ गए हैं, जो भविष्य में सिर्फ़ निर्मल के यहाँ ऐसे अचूक कहन में मिलेंगे। कम-से-कम हिन्दी में।

लॉन पर वृक्षों की छाया हवा से काँप उठती थी। लाल बजरी की सड़क पर सूखे पत्ते चर्र-चर्र करते हुए, गिरते-पड़ते भागते चले जाते थे।

एक जगह नायिका कहती है, वह नायक के साथ चली जाती, यदि उसे उसके व्यक्तित्व को नष्ट करने का भय न होता!

छोटी सी उम्र और अस्मिता को लेकर लेखक की ऐसी अचूक समझ!

अन्तर्मन टटोलने की यह दृष्टि उसने निश्चित ही अपने पाठकीय अनुभव से पाई है। उसके मन में छिपे शरतचन्द्र और टैगोर के उपन्यास आप सहज पहचान सकते हैं।

बीसवीं शताब्दी के पचास का दशक। अभी-अभी देश का विभाजन हुआ है, कॉलेज में पढ़ाई करने वाले युवा अंग्रेज़ीदाँ, सुविधाभोगी पृष्ठभूमि के गिने-चुने लोग।

इन्होंने अभी-अभी कहानियों में आना आरम्भ किया है।

बैगाटेल

मेरा व्यक्ति जैसे दो हिस्सों में बँटा हुआ था। जो हिस्सा कॉलेज में होता, वह अंग्रेज़ीदाँ था, अंग्रेज़ी सभ्यता वाली दुनिया का। जो घर में रहता, वह माँ और बाबा जी की दुनिया में, उनकी भाषा और संस्कार में सहज था। लिखते समय मुझे भाषा की दुविधा कभी नहीं रही। मैं जानता था, केवल हिन्दी मेरी भाषा है।

तवलीन सिंह से एक बातचीत में निर्मल ने कहा था।

उसकी एक बानगी निर्मल की प्रकाशित इस दूसरी कहानी में। दो छतों के बीच एक नीची दीवार के आर-पार घटने वाली प्रेम-कथा में।

उन दिनों निजी घटनाएँ छतों पर होती थीं और सामाजिक घटनाएँ गली में। शायद कुछ लोगों को अशोक कुमार-मीना कुमारी की फ़िल्म 'परिणीता' याद आये। कहावत थी कि जब घर का लड़का या लड़की ज़्यादा समय छत पर बिताने लगे, तो माँ-बाप को समझ जाना चाहिए, वह जवान हो गया है।

घरों की छतों पर कम्युनिस्ट छात्रों की सभाएँ भी होती थीं। क्योंकि कम्युनिस्ट पार्टी तब बैन थी। ऐसी एक तसवीर मैंने रामकुमार के पास देखी थी।

छत की टंकी के पास मेज़-कुर्सी पर बैठे एक लड़का-लड़की। शायद एक सभापति है, दूसरा वक्ता। सामने टाट पर बैठे पन्द्रह-बीस युवा।

सब क्रान्तियाँ इन छतों से शुरू होती थीं।

उन वर्षों में एक बार उत्साही निर्मल और स्वामीनाथन विमला फ़ारूक़ी को साथ लिए घर-घर वोट माँगने भी गए। एक घर में कुछ महिलाएँ आँगन में खाट पर बैठी थीं। इन लोगों ने जाकर बताया, "ये चुनाव में खड़ी हुई हैं।"

तुरन्त एक महिला उठकर आगे बढ़ी। बोली, "आओ बहन, खड़ी क्यों हो, यहाँ बैठो!"

चुनाव का परिणाम आप कल्पना कर सकते हैं।

कहानी में छत की एक ओर खाट पर मुँह ढक कर सोया नायक है, दीवार की दूसरी ओर रस्सी पर साड़ी सुखाती नायिका।

कोई संवाद नहीं। एक के मन से दूसरे के मन तक बोलती हुई कहानी।

उन दिनों प्रेम ऐसा ही होता था, प्लैटोनिक, मारक।

चाय के प्याले पर दम साधे इसे युवा साथियों ने सुना होगा। सुनते हुए सबके मन में अपनी-अपनी कोई छत घुमड़ी होगी।

दोस्तों की सहमति के बाद यह 'कहानी' पत्रिका में छपने भेजी गई होगी।

थिगलियाँ

एक लेखक अपनी रचनाएँ कैसे चुनता है, कैसे रद्द करता है?

क्या इस चुनाव पर रचना की कमज़ोरी के बजाय लेखक का कोई निजी, गुप्त, कलात्मक आग्रह हावी रहता है?

अनजाने दहला देने वाला कोई दुख लिख देना और फिर उससे मुँह चुराने लगना। जैसे किसी बहुत प्राइवेट इलाक़े में चले जाने की विचित्र-सी शर्म हो।

विभाजन पर लिखी कहानियों और यहूदियों के नरसंहार पर लिखी कथाओं में यह एक समानता है। इतना समय बीत जाने पर भी कोई नहीं बता सकता, वहाँ से कैसे गुज़रा जाए। उसे कैसे कहा जाए, सहा जाए।

निर्मल ने 'थिगलियाँ' कहानी को अपने पहले संग्रह 'परिन्दे' में क्यों नहीं रखा?

घाव के नीचे ऐसी साफ़ दिखती हड्डी। इसी कारण इसे छिपा दिया होगा।

असमंजस रहा होगा, ऐसे भीषण सन्ताप में घट रही यह कथा। इसमें उनकी पर्याप्त कलात्मक दूरी है या नहीं। उन दिनों चारों ओर ऐसी वीभत्स कथाएँ फैली थीं। उन सबके बीच यह कथा अर्थहीन लगी होगी।

विभाजन बाद के दुर्दिनों में लिखी यह कथा। इसमें उनकी भावी कथाओं के सूत्र छिपे हैं।

बाल पात्रों से उनका विशेष लगाव, उनके साथ खेलने वाले खेल। सुख के क्षणों में कहे गए शब्द जो दुख के अँधेरे में चमक कर गूँजते हैं। बेरोज़गारी की मार, अधपेट भोजन और फ़ाकों का अभ्यस्त शरीर, मुश्किल से कमाये धन को जेब में बार-बार छूने की आदत।

उनकी कथाओं में ऐसी स्थितियाँ बार-बार आती हैं। कभी देश, कभी विदेश की पृष्ठभूमि में।

जो लोग निर्मल पर हिन्दी के विदेशी लेखक होने का आरोप लगाते हैं, वह यह दर्ज करना भूल जाते हैं कि हिन्दी साहित्य में निर्मल की कहानियों ने ही पहले-पहल पश्चिमी सभ्यता का तिलिस्म तोड़ा था।

रात और दिन

कहानी की शुरुआत में ही यहाँ एक नये तत्त्व का प्रवेश होता है—'प्रकाश की पतली शहतीर अँधेरे को काटती हुई'।

यह चाक्षुष बिम्ब भविष्य की अनेक निर्मल कथाओं में अचानक प्रकट होगा। अँधेरे में खड़ा कोई पात्र, उजाले में घटती घटना को देखता हुआ।

'अँधेरे में' का मुन्ना, 'लाल टीन की छत' की काया, 'एक चिथड़ा सुख' का किशोर कज़िन, 'कव्वे और काला पानी' का छोटा भाई।

कथा में यह युक्ति केवल दृश्य-संयोजन नहीं है। यहाँ स्मृति की प्रक्रिया का मूर्तिकरण है। स्मृति के अँधेरे में से कोई घटना अपना सिर उठाती है। आपको दबोच लेती है। ठीक ऐसे ही।

एक लेखक का ब्रश-स्ट्रोक, जैसा एक चित्रकार का होता है। उसे देखते ही आप पहचान लेते हैं, यह चित्र किसने बनाया होगा।

भारतीय अनुभव में भाषाई आवागमन कितना सहज है, इसकी एक बानगी है यहाँ। पंजाबी और बंगाली भाषाई पात्र एक-दूसरे को सम्बोधित हैं। दोनों एक-दूसरे को अपने-अपने आग्रह के चश्मे से देखते हुए।

राजधानी में रहने का सहज अनुभव, जहाँ अनजाने ही आप पड़ोसियों से देश की दूसरी भाषाओं के शब्द सीख लेते हैं। भाषाओं की गतिशीलता साहित्य में मुखर हो एक बृहद् भारतीय स्केप रचती हुई।

कहानी ख़त्म होते-होते तीन तत्त्व मिश्रित हो कर एक संवेदन रच देते हैं। भौतिक (बूँदें), चाक्षुष (अँधेरे में सुराख़) और ध्वन्यात्मक (टप, टप टप)।

'फ़र्श पर नल की बूँदें अँधेरे में सूराख़ बनाती हुई गिरती जा रही थीं, बराबर—टप्, टप्, टप्...'

जो साधारण जीवन में अलक्षित रह जाती है, वह कहानी में सुनाई पड़ती है। कला के पास हम इसी संवेदन को पैना करने के लिए जाते हैं।

टप, टप, टप।

इम्तहानों के दिन

निर्मल के साथ प्राय: दो सरलीकृत धारणाएँ जोड़ी जाती हैं—एक, वह विदेश में बसे हिन्दी लेखक थे। दूसरे, वह अभिजात वर्ग के लेखक थे।

अपने जीवन काल में उन्होंने अनेक बार अलग-अलग तरह से इसका उत्तर दिया। एक, वह जो लिखते थे, उनके अनुभव से स्फूर्त था। यदि उन्हें गाँव का अनुभव नहीं है, तो वह उस पर लिखने में स्वयं को अक्षम पाते हैं। दूसरे, विदेश के लम्बे प्रवास अनुभव से यदि कोई कथा स्फुटित हुई तो उन्होंने उसे आने दिया है।

वह स्थान विशेष में स्वयं को सीमित करने वाले लेखक नहीं यद्यपि उनकी अनेक कथाओं में शिमला उपस्थित है, क़रोलबाग़ उपस्थित है, लन्दन और प्राग उपस्थित हैं।

निर्मल अनुभव की सत्यता पर आग्रह रखते थे, वह विदेशी बार में बैठा हुआ पात्र हो, जैसे 'डेढ़ इंच ऊपर' में या विदेशी बाग़ में जाता हुआ, जैसे 'दूसरी दुनिया' में।

निर्मल भारत लौटे तो यहाँ की ग़रीबी, यहाँ का विकट जीवन भी उनकी कहानियों में अनायास चला आया।

'इम्तहानों के दिन' की दुकान के ऊपर बनी खोली हमारे क़रोलबाग़ के घर की छत से दिखाई देती थी। अक्सर शाम को निर्मल छत से सामने वाले उस परिवार का कार्यकलाप देखते थे। छोटा सा परिवार, खुली छत, हवा में डोलता पीपल का पेड़ इनबिन कहानी में आ गया है।

और रस्सी से बँधी मेरी घंटी जो मैं अपने मायके वाले घर से ले आई थी, जहाँ तीसरी मंज़िल पर मेरा कमरा था। वहाँ स्वामी, हमारा नौकर, घंटा बजा कर मुझे चेताता, मम्मी कॉलेज जा रही हैं, कार में जाना है तो तुरन्त नीचे आओ!

बाद में वही घंटी मैंने अपने विवाह वाले घर की छत पर बाँध दी ताकि निर्मल को उनकी बरसाती से नीचे बुलाया जा सके। मेहमान आने पर।

कथा के स्थापत्य की बात करते हुए निर्मल अक्सर हेमिंग्वे का ज़िक्र करते—"अगर कथा के अन्त में दीवार पर टंगी बन्दूक़ से गोली चलनी है, तो एक लेखक के मन में दृश्य स्पष्ट रहना चाहिए, दीवार कहाँ है, कमरा कैसा है, बन्दूक़ कैसी है।"

इशारे

अक्सर हम इंडिया इंटरनेशनल सेंटर की लाइब्रेरी में जाया करते थे, दो-तीन दिन में एक बार तो ज़रूर ही।

जाते ही हम अपनी-अपनी पसन्द की पत्रिकाओं का गट्ठर लेकर अपने प्रिय स्थान में बैठ जाते। निर्मल मेन हॉल में, मेज़-कुर्सी पर। उन्हें जब झपकी आती तो उठकर पिछले सेक्शन में चले जाते। एकाध बार दबे स्वर में लाइब्रेरियन कौल साहब मुझसे शिकायत कर चुके थे, "मैं जब भी चक्कर लगाता हूँ, निर्मल जी सो रहे होते हैं।"

पढ़-पढ़कर दिमाग़ थक जाता है, अनजाने में सोने लगता है! इन्हें लाइब्रेरियन किसने बना दिया!

मैं दरवाज़े के पास बने सोफ़ा सेक्शन में बैठती, वह ज़्यादा आरामदेह रहता। आसपास शेल्फ़ों पर पत्रिकाओं के नाम चमकते रहते। 'लन्दन रिव्यू ऑफ़ बुक्स', 'न्यूयॉर्क रिव्यू ऑफ़ बुक्स'।

नये अंक को पहले कौन पढ़ेगा, कभी-कभी इस पर हमारा झगड़ा हो जाता। निर्मल हँसने लगते, "गोगी, तुम वही क्यों पढ़ना चाहती हो जो मैं पढ़ता हूँ? घर पर भी तुम मेरी किताब शुरू कर लेती हो!"

अक्सर निर्मल बताते, पढ़ने से होने वाली थकान से बचने का तरीक़ा यह है कि एक साथ चार-पाँच किताबें शुरू किये रहो। बल्कि उनका समय बाँध लो। सुबह यह पढ़नी है, शाम को वह। रात को सोते समय वह।

रामकुमार-भाभी जी के साथ हमारी बैठक होती तो यही बातें होतीं। आजकल कौन क्या पढ़ रहा है। भाभी जी को 'अन्ना कैरेनिना' जैसी कोई मोटी सी किताब शुरू करके बहुत अच्छा लगता। रामकुमार और निर्मल भी थॉमस मान या टॉलस्टॉय का कोई मोटा नॉवेल लगाये रहते।

मगर मैं किसी छोटी, बहुत इंटेंस किताब की धार पर अकेले चलती रहती। कभी टोनी मॉरिसन, कभी कुट्ज़िए।

निर्मल घर की मेज़ पर अधूरी कहानी से त्राण पाने के लिए लाइब्रेरी में आते। न कहानी उनका पीछा छोड़ती, न लाइब्रेरी। कभी-कभी लाइब्रेरी कहानी में आकर ही दम लेती, जैसे इस कहानी में।

देखने पर ऊपर से हमारा जीवन साधारण चलता रहता। अन्दर क्या चल रहा है, न उन्हें मेरा पता चलता, न मुझे उनका।

कहानी जब मेरी मेज़ पर आती, उनके नन्हे-नन्हे अक्षरों में, टाइप के लिए, तब सब राज़ खुलता।

मैं जीवन को साहित्य में बदलते हुए देखती। कैसे बूँद धीरे-धीरे सीप के अँधेरे में मोती बनती है।

अब कुछ नहीं

सन् 2003 से 2005 का समय।

निर्मल साँस की तकलीफ़ से बार-बार बीमार पड़ते। कभी हमें अचानक अस्पताल दौड़ना पड़ता। जितनी जल्दी वह बीमार पड़ते, उतनी जल्दी ठीक हो जाते। शायद इसीलिए हमें डर ने नहीं छुआ था।

डॉक्टर हमें देखकर हैरान होते, लगभग सम्मोहित। यह कैसा जोड़ा है, इतने जीवट से भरा हुआ।

इन वर्षों में चार-पाँच बार उन्हें वेंटिलेटर लगा। लोग एक बार से वापस नहीं आते, वह हर बार आ जाते। डॉक्टर मुस्कराकर निर्मल को देखते, निर्मल मुझे, मैं डॉक्टर को!

जाने कैसी यह दौड़ थी, सौ मीटर, चार सौ मीटर, मैराथन। हम रुकते, फिर से शुरू करते।

पन्द्रह दिन घर, पन्द्रह दिन अस्पताल।

रास्ता याद हो गया था, गियर याद हो गया था गाड़ी दौड़ाते। पन्द्रहवाँ दिन गुज़रने लगता तो मैं कैलेंडर देखने लगती। अब कभी भी कुछ होगा।

कार में एक छोटा सूटकेस तैयार पड़ा रहता। निर्मल के, मेरे कपड़े। साबुन, प्रेस।

अस्पताल में जब मैं आश्वस्त हो जाती, अब कोई नहीं आएगा, न डॉक्टर न नर्स, तो प्राइवेट कमरे की चिटकनी अन्दर से लगा लेती। अँधेरे कमरे में बाथरूम के खुले दरवाज़े से रोशनी आती।

निर्मल बेड पर, ऑक्सीजन मास्क में। मैं खाने की मेज़ पर हम दोनों के कपड़े प्रेस करती हुई। कुछ कपड़े बाथरूम में सूखते रहते।

सुबह जब डॉक्टर आते तो हम ऐसे साफ़-सुन्दर, प्रसन्नचित्त दिखते कि जादू से बने हों।

ऐसी किसी सुबह डॉ. मिश्रा ने मुझसे कहा था, "इन्हें कार में कहीं घुमा लाइए!"

मैं हैरान।" "क्या जा सकते हैं?"

"हाँ बिलकुल!"

अटेंडेंट की मदद से मैं निर्मल को पाँचवीं मंज़िल से नीचे ले आई। लिफ्ट, व्हीलचेयर। कार में बैठाया। और उन्हें ले उड़ी, जैसे हम स्कूल से भाग रहे बच्चे हों!

मेडिकल इंस्टीट्यूट से ऐम्बेसी एरिया, औरंगज़ेब रोड, रेस कोर्स, पीएम हाउस। तीन मूर्ति। घने पेड़ों की छाया के नीचे से गुज़रती कार, ऊपर झिलमिल करता सूरज, निर्मल की आँखें।

एक जगह मैंने कार का शीशा थोड़ा नीचे किया। हवा ने उन्हें छुआ, उस छुअन को मैंने देखा।

अभी भी उस हवा को, उस चेहरे को देख सकती हूँ।

निर्मल घर लौटते तो पड़े नहीं रहते थे।

नाक में ऑक्सीजन लगी रहती और वह किताब पढ़ते रहते, या संगीत या कोई फ़िल्म। अपना कोई ड्राफ़्ट सुधारते, और मैं टाइप कर देती। डॉ. ने कहा था, "अब यही आपके जीवन का नॉर्मल है, इसी के साथ आपको रहना है।"

उन्हीं दिनों की यह कहानी है। उनकी अन्तिम कहानी।

'कुछ भी टिकाऊ दिखाई नहीं देता। दोस्तों के चेहरे भी सिर्फ़ झिलमिलों में याद आते हैं—किसी की हँसी, किसी के बोलने का अन्दाज़, किसी के साथ रहने की नाज़ुक सी ख़ुशी'।

एक लय में/मुँडेर पर बिल्ली

ज़्यादातर निर्मल एक बार अपनी पांडुलिपि फ़ाइनल कर लेने के बाद नष्ट कर देते थे।

अपनी नन्हीं लिखत में वह एक चीज़ को दो-तीन बार लिखते। पहले ड्राफ़्ट में पैरों पर काटे लगे होते। दूसरे ड्राफ़्ट में पंक्तियाँ ऊपर-नीचे करने के तीर निशान बने होते। तीसरा ड्राफ़्ट लगभग साफ़ होता। पूरे पेज में कहीं-कहीं एक या आधी पंक्ति जुड़ी होती, बात को स्पष्ट करने के लिए।

सन् 1997 में कभी हमने पहला कम्प्यूटर लिया था और मैं घर पर ही टाइप करने लगी।

कम्प्यूटर सीखने को निर्मल भी बहुत उत्सुक थे। जितना मुझे आता था, मैंने उन्हें सिखाने की पूरी कोशिश की। प्राग में वह चेक भाषा के टाइपराइटर पर लिखा करते थे। रामकुमार की किताब 'ए जर्नी विद्इन' मैंने उसी टाइपराइटर पर लिखी थी, तब उसके रिबन बदलना सीखा था। वह मशीन मैंने अभी तक सहेज रखी है।

निर्मल मेरे सामने तो ठीक से टाइप कर लेते, मेरे जाते ही सब गड़बड़ हो जाता। एक बार ठीक-ठाक उन्हें कम्प्यूटर पर काम करते छोड़ मैं दूसरे कमरे में आ गई या शायद रसोई में।

थोड़ी देर बाद वह बड़े घबराए-से पहुँचे, "इधर आकर देखो, कम्प्यूटर को पता नहीं क्या हो गया है!"

मैं तुरन्त पहुँची, उन दिनों कम्प्यूटर बहुत महँगा हुआ करता था, पता नहीं इन्होंने क्या कर दिया! देखा, स्क्रीन काला हो गया था,

उस पर माइक्रोसॉफ़्ट का लोगो इधर से उधर नाच रहा था।

बोले, "काफ़ी देर से ऐसे हो रहा है।"

तब तक मुझे भी नहीं मालूम था, यह स्क्रीन सेवर है। "पीछे हटो, देखूँ ज़रा।"

जैसे ही मैंने कोई बटन दबाया, पेज खुल गया, तैरती विंडो ग़ायब हो गई। इस कमाल से निर्मल ऐसे प्रसन्न हुए कि मुझे कम्प्यूटर जीनियस मान लिया। बोले, "गुड्डी, तुम ही ये सब किया करो, मुझसे कहीं ख़राब न हो जाए!"

सो मैं ख़ुशी-ख़ुशी उनकी टाइपिस्ट बन गई। कम्प्यूटर की मेरी प्रैक्टिस हो रही थी, सो अलग।

उनके काग़ज़ों में जो ड्राफ़्ट मिला है, 'एक लय में' का, वह बिना काट-छाँट का और इतना साफ़ है, कि मुझे याद नहीं पड़ता, इसमें नये हिस्से उन्होंने कहाँ, कैसे जोड़े होंगे।

एक-दो बरस बाद जब मेरी आँखें उनकी बारीक लिखत पढ़ते हुए हारने लगीं, तो वह न केवल मेरे लिए एक मैग्निफ़ाइंग लेंस ले आए बल्कि सिर्फ़ मेरे पढ़ने को साफ़-साफ़ नया ड्राफ़्ट लिखने लगे ताकि मैं उनका ड्राफ़्ट आसानी से टाइप कर सकूँ। अपने टाइपिस्ट के लिए कोई इतना सब कर सकता है!

'मुँडेर पर बिल्ली' के बरक्स उसका पहला ड्राफ्ट 'एक लय में'।

एक बच्चे की चीख़ के गिर्द बुनी गई कहानी। बच्चा बीच सड़क में खड़ा है। गली में उसकी चीख़ फैल रही है। बस इतना ही।

पहले खाके से प्रकाशित ड्राफ़्ट तक इस कहानी ने कैसी यात्रा की है, लेखक ने इसमें कहाँ कैसी माँस-मज्जा जोड़ी है, देश-काल, विभाजन की छाया इसमें कैसे आ गुज़री है, अब यह सुधीजनों का विषय है।

चुप होता हुआ समय

मैं अभी तक उन्हें उस बड़ी-सी खिड़की से बाहर देखते देख सकती हूँ। वहीं, अमेरिका के अपने फ़्लैट में। जनवरी 1993 में, जब निर्मल यह उपन्यास लिख रहे थे।

वह धीरे-धीरे अपनी ड्रिंक से एक घूँट लेते और स्नो से ढकी सड़क देखते बैठे रहते। बाहर इतनी बर्फ़ थी कि सड़क और पगडंडी का अन्तर पता न चलता। ऐसा मालूम होता, हम अपने घर में नहीं, किसी स्कीइंग रिसोर्ट में हैं। कभी सन्नाटे में स्केट्स पर कोई इक्का-दुक्का हेलमेट लगाए वहाँ से गुज़रता, फ़र्राटे से, तो यह भ्रम और भी पक्का हो जाता।

दो सड़कों के कॉर्नर पर बनी हमारी वुडेन कॉटेज, उसकी दूसरी मंज़िल पर हमारा सुन्दर घर। 185, हेनकॉक स्ट्रीट, कैम्ब्रिज, मैसाचुसेट्स।

उन दिनों निर्मल के अन्दर दो कथाएँ चल रहीं थीं। दोनों पहाड़ पर घट रहीं थीं। शायद यह कैम्ब्रिज की बर्फ़ का असर था। क्रिसमस की छुट्टियों के सन्नाटे का।

कभी-कभी एक कथा के पात्र दूसरी में आ जाते, जैसे इस अंश में 'अन्तिम अरण्य' के डॉ. साहिब सिंह, जो घोड़े पर आते हैं, सुई लगाते हैं।

एक कथा में बच्चे वाचक थे, दूसरी में नैरेटर। वह एक साथ दोनों लिख रहे थे।

यह हमारा, हिन्दी साहित्य का, हतभाग है कि एक कथा 'अन्तिम अरण्य' पूरी हो गई, दूसरी अधूरी छूट गई।

सुखी दिन सबसे कठिन परीक्षा लेते हैं।

उन दिनों, उस एक वर्ष में हार्वर्ड में जानने को, सीखने को, जीने को इतना कुछ था कि एक भी चीज़ हमसे छोड़ी न जाती—न लेक्चर, न फ़िल्म, न लेमों लाइब्रेरी, न ऑबों पाँ की कॉफ़ी, न हार्वर्ड स्क्वायर का संगीत।

निर्मल कहते ही थे, "कोई भी समय जो तुमने जिया है, तुम्हारे भीतर कभी मरता नहीं।"

वह नया जीते जाते, पुराना जीते जाते।

कहने को वह हमारे संग होते थे, मेरे डिपार्टमेंट और सहयोगियों की बैठकों में, पार्टियों में। मगर सच में कहाँ होते थे, किसे मालूम!

आँख की झील से

इस उपन्यास के पहले और दूसरे अध्याय में दस वर्ष का फ़ासला आ जाएगा, कौन जानता था।

हर किताब आपसे रक्त माँगती है। वक़्त माँगती है।

हम भारत लौटे तो माहौल बदल चुका था। बाबरी मस्जिद ढह चुकी थी। एक के बाद एक बड़ी तेज़ी से घटनाएँ घट रहीं थीं। एक मामूली से बयान के बाद निर्मल विवादों के घेरे में आ चुके थे।

इन वर्षों में निर्मल का ज़्यादातर समय निबन्ध लिखने में गया। स्पिक मैके के लिए शहर-शहर व्याख्यान देने में, पब्लिक इंटेलेक्चुअल की भूमिका निभाते हुए निकल गया।

फिर जर्मनी के प्रतिष्ठित द लैट्रे अवार्ड की अन्तर्राष्ट्रीय ज्यूरी की बैठकों में, जापान की एशिया फाउंडेशन के लेक्चर, फ्रांस, इंग्लैंड की एकाधिक यात्राओं में।

इन वर्षों में मिले बड़े-बड़े सम्मानों ने भी उनका लेखकीय जीवन कठिन ही किया।

जिस अवकाश के लिए उन्होंने जीवन भर सीमित वित्त का रहना चुना था, कोई पद नहीं स्वीकार किया था, अपनी दिनचर्या को कठोर डिसिप्लिन से जिया था, अन्तिम वर्षों में वहाँ लिखने का समय उनके पास हमेशा रहा, नहीं रहा तो बस कहानियाँ पकड़ने का।

कहानियाँ उनके आगे-पीछे घूमती थीं। छोटी चीज़ होती तो वह पकड़ लेते, पूरी कर लेते। जैसे इस संग्रह में उनकी अन्तिम असंकलित कहानियाँ।

भाषा उनके भीतर कुछ अभिनव आकार ले रही थी। दवाओं के असर ने उनकी चेतना की प्रखरता को एक अलग ही धार दे दी थी। वह जीवन को ठीक वैसे देख रहे थे, जैसा शास्त्रों में कहा गया है। सपने-सा झिलमिल।

कभी अस्पताल में भी मास्क के नीचे से निर्मल मुझे कहते, "मेरे अन्दर कुछ अनूठा चल रहा है। पता नहीं मैं इसे पकड़ पाऊँगा कि नहीं!"

मैं उनका हाथ सहलाती।

"सब हो जाएगा। इस बार घर जाएँगे तो तुम बोलते जाना, मैं लिखती जाऊँगी। बस कुछ दिनों की बात है।"